Joseph Cron

Die Stellung des attributiven Adjektivs im Altfranzösischen

Joseph Cron

Die Stellung des attributiven Adjektivs im Altfranzösischen

ISBN/EAN: 9783337321192

Hergestellt in Europa, USA, Kanada, Australien, Japan

Cover: Foto ©Thomas Meinert / pixelio.de

Weitere Bücher finden Sie auf **www.hansebooks.com**

Die Stellung
des attributiven Adjektivs
im Altfranzösischen.

Inaugural-Dissertation
zur Erlangung der Doktorwürde
bei der philosophischen Fakultät zu Straßburg eingereicht
von
Joseph Cron
aus Biederthal (Ober-Elsaß).

Straßburg
Buchdruckerei E. Bauer, Langstraße 101
1891.

Die Stellung des attributiven Adjektivs im Altfranzösischen.

I.

Art und Weise der bisherigen Behandlung der Frage.

Eine der Stellung des attributiven Adjektivs im Altfranzösischen gewidmete, umfassende und abschließende Untersuchung giebt es noch nicht. Mehrfach ist freilich der Gegenstand erörtert worden in Abhandlungen, welche die Stellung der Satzglieder überhaupt im Altfranzösischen und im 16. Jahrhundert zum Gegenstand haben.

Diesen Abhandlungen sind entweder einzelne Schriftwerke und Schriftsteller zu Grunde gelegt worden, so z. B.:

Chrestien de Troyes (Chevalier au Lyon und Erec) in: Le Coultre: De l'ordre des mots dans Chrestien de Troyes (Dresden 1875);

Froissart, von J. Riese: Étude syntaxique sur la langue de Froissart (Halle 1880);

Voitare, von List: Syntaktische Studien über Voiture (Französische Studien I, S. 1—40, 1881);

Die Chanson de Roland, von H. Morf: Die Wortstellung im altfranzösischen Rolandsliede (Straßburg 1878);

Joinville, von Gustav Marx: Ueber die Wortstellung bei Joinville (Altenburg 1881);

Aucassin et Nicolette, von Schlickum: Die Wortstellung in der altfranzösischen Dichtung Aucassin et Nicolette (Französische Studien III, 1882);

Robert de Clary, von A. Raumair: Die Syntax des Robert de Clary (Erlangen 1884);

Oder es wurde die Wortstellung in verschiedenen Schriften eines Zeitraumes betrachtet, wie von:

P. Krüger: Ueber die Wortstellung in der französischen Prosalitteratur des 13. Jahrhunderts (Berlin 1876), worin Villehardouin und die von Moland und C. d'Héricault herausgegebenen Nouvelles françaises en prose du XIII° siècle in Betracht gezogen wurden;

Völcker: Die Wortstellung in den ältesten französischen Sprachdenkmälern (Französische Studien III, 1882), wo die Texte von den Eiben bis auf Gormond et Isembart untersucht wurden;

Höpfner: Die Wortstellung bei Alain Chartier und Gerson (Grimma 1883), also zwei Schriftsteller des 15. Jahrhunderts;

Philippsthal: Die Wortstellung in der altfranzösischen Prosa des 16. Jahrhunderts (Halle 1886), wobei Rabelais, Marguerite de Navarre, Blaise de Monluc, Brantôme, Ronsard, Du Bellay und die Satire Ménipée herangezogen sind.

In diesen Untersuchungen, sowie in einigen anderen, ist auch die Stellung des Abjektivs mehr oder weniger eingehend erörtert worden.

Endlich wurde die attributive Stellung des Abjektivs selbst monographisch für gewisse Zeiträume untersucht:

So von Eichelmann: Ueber Flexion und attributive Stellung des Abjektivs in den ältesten französischen Sprachdenkmälern (Marburg 1876), wo die Texte von den Eiben bis auf das Rolandslied zu Grunde gelegt worden sind.

Sodann von Rudolph Wagner, in seiner nach Abschluß der nachfolgenden Untersuchung erschienenen Schrift: Ueber die Stellung des attributiven Abjektivs in altfranzösischen Prosatexten von Anfang des 13. bis Anfang des 15. Jahrhunderts (Greifswald 1890), worin Prosatexte, und zwar insbesondere Villehardouin, Joinville und Froissart die Grundlage bilden.

Es kann jedoch nicht gesagt werden, daß eine befriedigende Einsicht in den Sachverhalt durch diese Schriften bereits gewonnen ist. Dies hängt zusammen mit der Stellung ihrer Verfasser zu der Frage, und mit den Schranken der Betrachtung, die sie sich zu ziehen für gut fanden. Gemeinhin erschien es ihnen nämlich genügend, auf die gewählten Texte die Beobachtungen und Regeln über die Stellung des attributiven Abjektivs anzuwenden, die Diez (Grammatik 1856, III, S. 432 ff.) oder Maetzner in seiner französischen Syntax, II, S. 371, oder in seiner französischen Grammatik, S. 571, oder A. Tobler in der Zeitschrift für Völkerpsychologie Bd. VI, S. 167, 1869, oder Schmitz in seiner französischen Grammatik 1876 angegeben hatten. So folgten Le Coultre (S. 83) und Philippsthal (S. 67) den Regeln von Diez, Maetzner (Grammatik) und Tobler, Krüger (S. 4), Marx (S. 318), Schlickum (S. 314) den Regeln von Diez und Maetzner (Syntax); Morf (S. 263), Völcker (S. 41), Eichelmann und Höpfner der Grammatik von Diez; Riese (S. 14), derjenigen von Schmitz; List (S. 38, bei dem sich ein Versuch vorfindet, die Ausbildung der heutigen Regeln in der ältern französischen Grammatik zu verfolgen) der Maetznerschen Grammatik. Wagner übernimmt aus der neufranzösischen Grammatik die hergebrachte Klassifikation der Abjektiva nach ihrer Bedeutung. Alle waren zu kleinen Ergänzungen und zu Mobifikationen der Regeln ihrer Gewährsmänner genötigt, ohne dadurch bewogen zu werden, die herangezogenen neufranzösischen Regeln einer Prüfung zu unterziehen und sich von ihnen unabhängig zu machen. Man verzeichnete, mehr oder weniger erschöpfend, oft auch nur beliebige Beispiele herausgreifend, die Abweichungen des ältern Sprachgebrauches vom heutigen; oder man stellte den Beginn der heutigen Wortstellung fest; oder aber es wurde in Verbindung mit den von jenen Gewährsmännern für die Beobachtung gegebenen Gesichtspunkten, oder ausschließlich, ein statistisches Verfahren angewendet, und es wurden die Fälle der Voran- und der Nachstellung, mit oder ohne Rücksicht auf die Bedeutung von Abjektiv und Substantiv in jedem einzelnen Beispiel, gezählt, die etwaige Häufigkeit des Gebrauchs gewisser Abjektive festgestellt, und hieraus Schlüsse und Regeln für die Stellung des attributiven Abjektivs in bestimmten Zeiträumen zu gewinnen gesucht. So geschah es zuerst durch Morf und nach ihm durch Völker und Wagner, die das statistische Verfahren in den Vordergrund ihrer Untersuchung stellen, und über die im Altfranzösischen vorgefundenen Ziffernverhältnisse Angaben machen.

Das Resultat, das bei diesem Verfahren sich ergeben konnte, war jedoch vorauszusehen. Zu einem befriedigenden Ergebnisse konnte dasselbe nur unter der Voraussetzung führen, daß die Regeln und Beobachtungen der Gewährsmänner des neufranzösischen Sprachgebrauchs richtig und erschöpfend waren. Im anderen Falle war die Befürchtung begründet, daß z. B. eine altfranzösische Folge von Abjektiv und Substantiv, oder umgekehrt, nur scheinbar im Altfranzösischen fehlte, oder auch daß sie bei nicht sorgfältig festgesetztem Sinne der Verbindung falsch aufgefaßt und falschen Regeln untergeordnet wurde, — dies war besonders zu befürchten in dem nicht seltenen Falle, wo sich der Begriff des alt-französischen und neufranzösischen Abjektivs nicht decken, wie es z. B. bei neufranzösischem étrange und altfranzösischem estrange geschieht, — daß ferner Ausnahmen vom neufranzösischen Sprachgebrauche aufgestellt wurden, blos darum, weil der neufranzösische Sprachgebrauch selbst nicht in Regeln von hinreichender Bestimmtheit angegeben war. Das statistische Verfahren ist überdies mehrfach in unzulänglicher Weise angewendet worden: so giebt die Dissertation von Völcker nicht an, ob in den Fällen der Voranstellung des Abjektivs jedes Abjektiv nur einmal, oder, so oft es vorkommt, gezählt wird. Es wird ebensowenig zwischen den dem Gebrauche nach häufigern und dem Gebrauche nach seltern Abjektiven ein Unter-schied gemacht, so daß die Zahl der Fälle der Voran- nnd Nachstellung gar keinen Einblick in den Thatbestand gewährt, und nicht zu allgemeinen Aussagen berechtigt, wie z. B. zu der, daß die Voranstellung im Altfranzösischen bevorzugt wurde u. dergl. — Eine weitere

Gefahr des statistischen Verfahrens liegt dann namentlich darin, daß das Abjektiv regelmäßig nach seinem konkreten Sinne rubriziert wird, statt daß vor der Zählung dem Satze,
in dem es begegnet, eine sorgfältige Interpretation zuteil wird, oder der Begriff des
Abjektivs an der gegebenen Stelle genau bestimmt wird. Hierbei mußten sich notwendig
sogenannte Ausnahmen und Zahlen, die in keinem Verhältnisse zu einander stehen, ergeben;
und dies ist in jenen das statistische Verfahren anwendenden Untersuchungen geschehen.

Daß die Beobachtungen und Regeln der Gewährsmänner über den neufranzösischen
Sprachgebrauch einen ungenügenden Ausgangspunkt für eine Untersuchung über die Stellung
des altfranzösischen Abjektivs bilden, teils wegen ihrer Unvollständigkeit, teils wegen ihrer
Unbestimmtheit, ist leicht zu zeigen, — dies soll unten dargethan werden — und manchem,
der mit unserer Frage sich befaßte, ist auch das Bedürfnis fühlbar geworden, die eine
oder die andere neue Regel zu formulieren, die freilich zur Erklärung der Erscheinungen
im Ganzen sich wiederum unzulänglich erwies.

Vorwiegend hat man aber, wie bemerkt, die Regeln und Beobachtungen der Gewährsmänner für genügend und im Fortschreiten der Untersuchung über die Stellung des altfranzösischen Abjektivs, je länger, je mehr für erschöpfend gehalten. Und doch hatte Diez
nur in sehr vorsichtiger Weise von dem Gegenstand gesprochen; er hatte vieles als flüssig
hingestellt, und sich wesentlich mit relativen Bestimmungen begnügt.

Seine Grundanschauung ging dahin, daß im Altfranzösischen wie im Neufranzösischen,
eine Neigung, das Abjektiv nachzustellen, vorhanden sei, daß jedoch in Wirklichkeit der
rhetorische Accent und der rhythmische Ausdruck entscheidend seien. Der Accent soll sogar,
was heute niemand mehr zu behaupten wagen wird, den ersten Einfluß ausüben. Die
erste Stelle soll das Abjektiv einnehmen, welches eine minder hervorstehende, allgemein
ausgedrückte oder eine dem Begriff des Substantivs verwandte Eigenschaft beilegt, so daß
ihm kein rhetorisches Gewicht zukommt. Nachgestellt soll es dagegen werden, wenn die
Eigenschaft individueller oder unterscheidender Art ist; dann soll es aber auch vorangehen
können und, den Hauptton tragend, an Bedeutung gewinnen. Der rhythmische Ausdruck —
ein der lateinischen Wortstellungslehre entnommener Begriff — soll den silbenreichen und
komplicierten Abjektiven gern die zweite Stelle anweisen. Weil aber das rhythmische Gefühl
keine deutliche Vorschrift gäbe, sei die Stellung des Abjektivs immer noch sehr willkürlich.
Daneben nimmt Diez Rücksicht auf die praktischen (S. 450) Regeln der empirischen
Grammatik und lehrt, wie vor ihm geschah, daß Abjektive von geringem Umfange und
ebenso geringer individualisierender Kraft vorangehen, sowie auch, daß die Abjektive den
Eigennamen vorangehen; sinnliche Eigenschaften, äußere Verhältnisse und leibliche Zustände
ausdrückende Abjektive stünden nach. Jedoch invertieren diese sonst nachgestellten Abjektive
oft auch wieder in der höheren Schreibart. Viele Abjektive endlich würden durch ihre

Stellung auch in ihrer Bedeutung bestimmt. Doch sei der Grund der an ihrer Stellung haftenden Bedeutungsverschiedenheit in manchen Fällen minder klar. (!) Man sieht, daß Diez weder seine Grundanschauung noch die einzelnen Regeln mit Bestimmtheit ausspricht oder für erschöpfend ausgiebt. Er begnügt sich anzudeuten, und macht sich keineswegs anheischig eine feste Richtschnur zu geben. Er sieht etwas von antiker Freiheit in der Stellung der Abjektive, schwankt in der Anwendung des Begriffs „rhetorisch" und betrachtet die gedankliche Seite, sowie die Betonung von Abjektiven und Substantiven, nicht aber die obwaltende Absicht des Redenden oder die innere Nötigung zu der einen oder der anderen Stellung als die Hauptsache. Es hat schon bei ihm den Anschein, als komme einem Abjektiv nur eine Stellung zu, welche allerdings inponderable Elemente der Rede gelegentlich verändern könnten.

Es ist schon hier überfehen, daß Satz und Satzglieder nicht nur die Vorstellungen, sondern auch das Empfinden des Redenden vermitteln, baß der Satz, wenn er vom Grammatiker richtig aufgefaßt und analysiert werden soll, als geredet gedacht werden muß, baß, wie die Betonung, so auch die Stellung eines Satzgliedes vornehmlich die Seele des Redenden, sein Verhältnis zu den in seinen Worten bezeichneten Vorstellungen herauszukehren dient, baß die Funktion eines Wortes im Satze nie nach der grammatischen Kategorie, der es zugerechnet wird, sondern lediglich nach dem Sinne, den es im Zusammenhang hat, bestimmt werden kann. Dies gilt im eminenten Sinne von der Wortstellung im logisch geordneten neufranzösischen Satze, worin auf Hervorhebung des Satzgliedes durch den Ton allmählich Verzicht geleistet worden ist. Es ist andererseits, ebenso wie beim lateinischen Satze, ein Irrtum, von „Rhythmus" sprechen zu wollen, da für dessen Auffassung im Satze beim Redenden und Hörenden jeder feststehende Maßstab, wie ihn Musik und Dichtung darbieten, fehlt, wenn man nicht etwa nur an parallele oder conträre Anordnung gleichartiger Satzglieder hierbei denken soll.

Nichts ist auch von diesen bei unserer Frage nothwendig zu berücksichtigenden Gesichtspunkten und Unterscheidungen in dem, mit dem Diez'schen sich zum Teil berührenden Regelwerk über das attributive Abjektiv in Maetzners Syntax zu spüren. Obwohl ihm (II, S. 261) deutlich ist, baß in jeder Sprache zu gleicher Zeit zwei Arten der Wort- und Satzstellung angetroffen werden, wovon die eine der ruhigen, gemessenen Rede angehört, während die andere, im Zusammenhang mit Affekt und subjektivem Interesse des Redenden, sich Abweichungen von jener erlaubt, und baß ein Unterschied zwischen gemeiner und rhetorischen Zwecken dienender Wortstellung besteht, so sind ihm doch (S. 376 ff.) die leitenden Gesichtspunkte für die Stellung des Eigenschaftswortes im Französischen: die Art der Bestimmung des Substantivs durch das Abjektiv, der Umfang beider Satzbestimmungen, und die Wesenheit der Begriffssphäre, welcher ein Abjektiv angehört. Dabei seien aber — fügt er einschränkend bei — auch noch der Begriff und die Form des Abjektivs mit in das Auge zu fassen. Demgemäß gehe voran das im Wesen des Substantivs unmittelbar begründete; das kürzere Abjektiv vor volltönenden Substantiven; das Abjektiv im übertragenen Sinne, wenn auch nicht immer. Es stehe dagegen nach das als accidentelle und zugleich unterscheidende Eigenschaft des Substantivbegriffes aufzufassende Abjektiv; das Abjektiv von größerem Umfange und reicherem Inhalt; das Abjektiv, das physische Eigenschaften, nicht ethische ausdrückt; das durch andere Satzteile ergänzte Abjektiv; doch wird in diesen Fällen die Stellung wieder von der Auffassung des Redenden abhängig gemacht.

Inversion längerer Abjektive ergebe sodann einen größeren rhetorischen Nachdruck. Gewisse ein= und zweisilbige Abjektive, die eine physische Beschaffenheit angeben, gingen meist auch in der Prosa des gemeinen Lebens voran (grand, gros). Die Voran= oder Nachstellung ethischer Attribute soll von den leitenden Gesichtspunkten (s. o.) abhängig sein. Gewisse ethische Abjektive, wie bon, mauvais stünden gewöhnlich vor dem Hauptwort.

Diese Regeln Maetzners sind, wie man sieht, ebenfalls vorwiegend begriffliche Distinktionen, neben denen besondere Absichten des Redenden bestehen bleiben, die diese Regeln wieder aufheben können, so daß auch sie sich zur Richtschnur ungeeignet erweisen.

In der französischen Grammatik faßte Maetzner (S. 551) die invertierte Wortstellung als eine Abweichung von der gewöhnlichen Aufeinanderfolge auf, welche besonderen rhetorischen Zwecken dient.

Er läßt (S. 568) aber auch mit dem vor= und nachgestellten Attribut einen Unterschied der Bedeutung verbunden sein, und betont, sich hier Diez noch mehr nähernd (S. 570), die Neigung des Französischen, das Abjektiv dem Substantiv nachzusetzen, jedoch nicht minder die mehrfachen einander Abbruch thuenden und subjektiver Auffassung Raum lassenden Gesichtspunkte neben gewohnheitsmäßig festgesetzten Stellungsfällen, für die eine Anzahl, mit dem in der Syntax Vorgetragenen übereinstimmend, nur mehr als im allgemeinen geltend bezeichnete Regeln aufgestellt werden. Bei der Stellung der ethischen Abjektive, denen Maetzner die größte Freiheit zugesteht, machen sich nach ihm auch Gesetze des Wohlklangs geltend.

A. Tobler, der den Gegenstand nur beiläufig bei Besprechung der Schmitz'schen Grammatik berührte (Zeitschrift für Völkerpsychologie, Bd. VI, S. 167), der aber an der dort vorgetragenen Auffassung gegenwärtig noch festzuhalten erklärt (Zeitschrift für Rom. Phil. X, 307), unternahm es zuerst, zu einer alle Fälle der Voranstellung des Abjektivs umfassenden Formel zu gelangen. Er suchte dieselbe aus der Bedeutung des Abjektivs zu gewinnen, indem er das Wesen des vorangestellten Abjektivs darin erkennt, daß die Voranstellung des Adjektivs das Wesen des Gegenstandes, den das Substantiv bezeichnet, umgestaltend ergreife, und somit etwas Wesentliches an demselben ändere. Beim nachgestellten Adjektiv soll dagegen der Begriff des Substantivs nicht wesentlich geändert werden. Die für den ersten Fall benutzten Beispiele passen vollkommen zu dieser Auffassung; aber sie sind einartig und specifisch, was Tobler übersehen zu haben scheint. Denn, ist ein méchant vers auch, wie Tobler definiert, ein Bers, der kaum auf den Namen desselben Anspruch hat, und verdient ein soi-disant poète, un prétendu poète kaum seinen Namen, und wird anderwärts der Begriff von vers oder poète durch vorangesetztes bon u. dgl. im Gegensatz hiezu auch so zu sagen erhöht, so hören schlechte oder gute, sogenannte oder wahrhafte Berse und Dichter doch nicht auf als Berse und Dichter vorgestellt zu werden, wo immer diese Ausdrücke gebraucht werden, und nicht besteht in diesen Fällen beim Redenden die Absicht, durch Voranstellung des Adjektivs einer Sache oder Person den Begriff des Substantivs abzuerkennen, sondern, unter Anerkennung des Begriffes, soll vielmehr das Maß, in dem er gilt, der Wert von Person oder Sache. in Hinsicht auf die in Anspruch genommene Bezeichnung, gemäß der Schätzung des Redenden, angezeigt werden. Und wie könnten Verbindungen wie: un jeune homme, une vaste prairie, une haute maison u. s. w. auch nur teilweise Aufhebung oder sonstige Veränderung am Substantivbegriff zum Zwecke haben, so daß ein anderer Name dafür das eigentlich Gedachte erst richtig darstellen würde? Es scheint hier eine für den Hörer mögliche Folgerung aus dem Adjektiv- + Substantivbegriff, die in einem bestimmt gearteten, von Tobler allein in Betracht gezogenen Falle, eintreten kann, zum Wesen der Beziehung beider zu einander gemacht zu sein.

Die Grammatik von Schmitz ist uns nicht zugänglich gewesen. Aus anderen Grammatiken, die sie citieren, dürfte zu schließen sein, daß ihre Regeln nicht wesentlich von den aus älteren Grammatiken angeführten Bestimmungen abweichen.

Von den jüngeren Grammatiken ist kaum über diese der Bestimmtheit noch sehr ermangelnden Normierungen, die das Adjektiv immer nur nach feststehenden Bedeutungen beurteilen, hinausgegangen worden. In den für den Schulgebrauch bestimmten allbekannten Grammatiken der Neuzeit glaubte man am zweckmäßigsten eine gewisse Anzahl Regeln für die häufigsten Fälle der Adjektivstellung aufstellen zu sollen, bei denen gleichfalls von einem feststehenden Begriff des gegebenen Adjektivs ausgegangen, und wobei nicht versäumt wird dem Schüler zu sagen, daß er sich nicht allzusehr auf jene Regeln verlassen dürfe, da ihnen viele und vielartige Ausnahmen gegenüberständen. Von diesen Ausnahmen sucht man ihm aber gewöhnlich einen Begriff durch Beispiele zu geben. Ganz recht sagt in Bezug hierauf neuerdings Dühr (Zur Theorie der Stellung des französischen Adjektivs. Prog. Stenbal 1890), daß, so lange eine theoretische Darstellung so viele Unterabteilungen braucht, wie die von der Stellung des Abjektivs im Neufranzöfischen, sie noch lange nicht auf ihren kürzesten Ausbruck gebracht sei.

Ju Lückings Schulgrammatik (1883), in der mit gewohnter Schärfe manche unnötige Unterscheidungen beseitigt sind, ist ein solch kürzester Ausbruck, bezüglich der Abjektivstellung, auch noch nicht zu finden. Das Wesen der Erscheinung ist auch von ihm nicht völlig erschöpft, wenn er angibt, daß nach dem Substantiv das logisch unter-scheidende, motivierende, das nicht selbstverständliche, (äfthetisch) schildernde Merkmal stehe; vor dem Substantiv, ein selbstverständliches, schilderndes, oder ein emphatisches•und affektvolles Merkmal; denn jene drei nachgestellten Merkmale einigen sich im Begriffe des Unterschiedes nach der begrifflichen, causalen und äfthetischen Seite; die vorangestellten aber sind in einen Gegensatz zu einander gestellt, werden nicht durchaus durch deckende Beispiele begründet, und schließen auch Fälle wie die von Tobler angegebenen aus.

Ungleich weniger befriedigt, was andere junge Grammatiken des Neufranzöfischen über die Abjektivstellung anzugeben wissen.

H. Seeger: Syntax der neufranzöfischen Sprache. Wismar 1884, geht (I. Teil S. 161) von folgender Grundbestimmung aus: „Die richtige, oder die beste Stellung des Abjektivs kann nicht durch einige allgemeine Regeln gelehrt werden. In manchen Fällen hat der nicht weiter zu begründende Sprachgebrauch die Wortfolge fixiert. Zuweilen bedingt der Wohllaut oder ein ansprechender Silbenfall die Stellung des Abjektivs u. s. w." Somit verzichtet Seeger darauf der Erscheinung auf den Grund zu kommen und läßt nun eine Menge von Einzelbestimmungen folgen, nämlich jene bekannten auf äußerlicher Empirie beruhenden Einzelregeln, zu denen er jedesmal zahlreiche Ausnahmen, die er meistens ungedeutet läßt, anführt.

Materiell unterscheidet sich von Seeger nicht Brinkmann (Syntax des Französischen und Englischen. Braunschweig 1885), der (S. 108) das vorhandene Regelwerk zu schema-tifieren sucht und drei Bestimmungen für die Stellung des Abjektivs maßgebend sein läßt: 1. die Bestimmungen des Verstandes; 2. die Bestimmungen des erregten Gefühles; 3. die Bestimmungen des Schönheitsfinnes. — Die Bestimmungen des Verstandes sind entweder Forderungen der Logik oder der Rhetorik. Die Logik verlange, daß das Abjektiv dem Substantiv nachfolgt, wie das Objekt dem Prädikat. Vom rhetorischen Standpunkte aus aber fühle der Verstand, daß die zweite Stelle, werde sie nun vom Substantiv oder vom Abjektiv eingenommen, dem Worte mehr Gewicht und Nachbruck verleiht. Daher folge, daß das Abjektiv voransteht, a) (S. 112) wenn es eine wesentliche, selbstverständliche Eigenschaft ausbrückt, b) (S. 115) wenn das Substantiv auch sonst noch im Satze bestimmt wird, c) (S. 116) wenn das Substantiv durch den Zusammenhang mit dem Vorhergehenden schon bestimmt ist, d) (S. 118) bei Eigennamen.

Das Abjektiv steht aber nach, a) (S. 122) wenn es individualisierender Art ist, b) (S. 124) wenn es physische Beschaffenheiten der Dinge bezeichnet, c) (S. 125) wenn es eine Ergänzung bei sich hat, d) (S. 126) stehen nach Abjektive, die zugleich Substantive sind und die Participien.

Das Gefühl sodann, sagt er, setze an die erste Stelle dasjenige Wort, wodurch es sich vorzugsweise beschäftigt und angeregt fühlt. Das sei aber gewöhnlich die Eigenschaft, und so erhalte in der emphatischen Rede das Abjektiv gewöhnlich die erste Stelle; so z. B. a) in Anreden und Ausrufungen, b) in Gegensätzen (malheureuse reine, tristes grandeurs), c) wenn es Lob, Tadel, Bewunderung oder Mißfallen ausdrückt.

Das Schönheitsgefühl endlich verlange, a) daß kürzere Abjektive voranstehen, b) daß das Abjektiv nachstehe, um Chiasmus zu bilden.

Es folgen dann noch eine Liste der Abjektive, welche ihre Bedeutung mit der Stellung verändern, und einzelne Vorschriften, die keineswegs aus den drei Bestimmungen logisch ableitbar sind (vgl. I a b c, II b). Sie sind zugleich zu massenhaft, um Einblick in das Wesen der Erscheinung vermuten zu lassen.

Hölder endlich in seiner Grammatik, Stuttgart 1865, stellt (S. 152) als Grundbestimmung (s. o. Maetzner) auf, daß das Abjektiv vor- oder nachstehe, je nachdem die Beziehung der Eigenschaft zum Begriff des Hauptwortes aufgefaßt werde. Die hierüber aufzustellenden Gesetze könnten aber nicht als absolut gelten, indem in einzelnen Fällen Gewohnheit, Rhythmus, Wohllaut mehr oder weniger Einfluß haben. Es folgen weiterhin die einzelnen Regeln der empirischen Grammatik, die, wie wir wissen, die Einsicht in den Gegenstand nicht fördern.

Gänzlich ungenügend ist die Lehre von der Abjektivstellung bei den französischen Grammatikern behandelt. Bei Girault-Duvivier (Grammaire des Grammaires), an den manche deutsche Grammatik angeknüpft hat, ist (S. 383) richtig gefühlt, daß auch die Bedeutung des Substantivs mit in Frage kommt. Das vorgestellte Abjektiv aber soll «plus intimement uni» mit dem Substantiv sein, und sage mehr als das nachgestellte. Entscheiden über die Stellung eines Abjektivs sollen Ohr und Geschmack. Vor einsilbigen Substantiven stehen, lehrt er, selten mehrsilbige Abjektive, besonders nicht, wenn sie in der männlichen Form gebraucht sind; eher, wenn sie im Plural stehen, vor einem mit Vokal beginnenden Substantiv. Nach dem Substantiv stehen die der Substantivierung fähigen Abjektive, wie bossu (homme bossu), sowie auch das participe passé. Voran steht das Abjektiv, doch nicht ohne Ausnahme, in der Exklamation; nach stehen andere Satzteile regierende Abjektive. Vor oder nach stehen die Abjektive, welche ein sonst noch näher bestimmtes Substantiv begleiten (L'élégant traducteur des Géorgiques; une natte grossière de jonc). Eine in der älteren Ausgabe der Grammaire des Grammaires aufgestellte Liste von Abjektiven, die der Geist der Sprache mit verschiedenem Sinne vor oder nach das Substantiv zu stellen verlange, und die ihre Stellung ohne Gefährdung des Sinnes nicht ändern dürften; sowie Listen von Abjektiven, die gewöhnlich voran- und andern, die gewöhnlich nachstehen, oder von Abjektiven, deren Platz Ohr und Geschmack bestimmen, oder die im einfachen Stile, in der gewöhnlichen Prosa nachfolgen, im Verse, im oratorischen und poetischen Stile gerne vorangehen, sind in jüngern Ausgaben der Grammaire des Grammaires verkürzt, weil den aufgestellten Regeln, wie der Verfasser anerkennt, unendlich viele Ausnahmen zur Seite träten. Die neuere Liste aber beschränkt sich auf die Abjektive bon, brave, certain, commun, cruel, faux, furieux, galant, dernier, grand, gros, haut, honnête, jeune, mauvais, méchant, mort, nouveau, pauvre, plaisant, petit, propre, seul, simple, vilain, die unsere deutschen Schulgrammatiken beibehalten und zu besprechen pflegen.

Die als eine der besten neufranzösischen Grammatiken angesehene Grammaire comparée von Ayer (4. Ausgabe. Paris 1885) endlich begnügt sich zwar nicht mehr damit zu sagen, daß Ohr und Geschmack hier zu entscheiden haben; sie hebt sogar hervor, daß die Bedeutung, die man dem Abjektiv in jedem einzelnen Falle beimesse, über dessen Stellung entscheide; aber mit Unrecht gibt Ayer u. a. zu, daß in anderen Fällen die Gestalt des Abjektivs einen Einfluß auf seine Stellung ausübe u. s. w.

Ist nun schon im modernen Französisch die Erscheinung nicht erklärt und die psychologische radix derselben nicht erkannt, wie viel weniger in der von der Grammatik des Neufranzösischen abhängigen monographischen Litteratur des Altfranzösischen, wofern überhaupt darin gesucht wurde den gemeinsamen Grund des Gleichartigen in der Erscheinung und die Ursache von Abweichungen aufzufassen. Auch diese Untersuchungen unterscheiden nicht Stil und Stil, und fassen die Bedeutung des Abjektivs als eine feststehende auf, so daß bei der Beantwortung der Frage wesentliche Stücke außer Acht bleiben. Es sei dies an den Untersuchungen, die unserem Gegenstand näher getreten sind, kurz nachgewiesen.

Diejenigen, welche ihre Aufgabe darin erblickten, einige wenige Abweichungen vom gegenwärtigen Französisch aufzusuchen, finden sogleich, daß die modernen Regeln nicht auf die alte dichterische Sprache anwendbar seien (Le Coultre), oder daß das Abjektiv im Altfranzösischen indifferemment vor und nach gestellt (Riese), oder schwankend angewandt wurde (List). — Seit Krüger wird dann von einer Neigung, dem Abjektiv die Stellung vor dem Substantiv einzuräumen, gesprochen, worin germanischer Einfluß sich geltend machen soll. Diese Ansicht teilt auch Morf, der jedoch jene angebliche Neigung unter verständiger Wägung der Beispiele auf ihren richtigen Ausdruck zurückführte, zuerst in größerem Umfange Belege sammelte und, indem er auf den häufigen Gegensatz zwischen altfranzösischer Stellung und neufranzösischen Regeln aufmerksam macht, die Schwäche der modernen Regeln andeutet. Freilich thut er dies in der Meinung, dadurch die Ungebundenheit altfranzösischer Wortfolge darzuthun, und ohne die Beispiele immer sorgfältig zu interpretieren. Nach der Auffassung der modernen Grammatik spricht auch er von einer als Inversion bezeichneten metaphorischen Bedeutung des Abjektivs u. s. w. Eichelmann und Höpfner werden, Diez abkürzend, die Unterscheidungen „minder hervorstechende und verwandte Eigenschaften" bei vorgestelltem Abjektiv, „Eigenschaften unterscheidender Art" bei nachgestelltem Abjektiv an. Bei Marx findet sich zuerst eine durch ihre Knappheit bestechende und viele Sonderregeln in der That umfassende Bestimmung der Stellung des Abjektivs im Altfranzösischen, dahin gehend, daß die apperzipierte Eigenschaft vorangehe, die zu apperzipierende nachstehe: eine zu enge Bestimmung freilich, da nachgestellt nur solche Abjektive auftreten dürften, die der Sprechende nicht schon zuvor mit dem Substantiv in Verbindung gebracht hätte. Vergleiche aber: herbe verte, être raisonnable etc. Oder soll in der Bestimmung die Absicht des Redenden, die Eigenschaft als eine erst zu apperzipierende hinzustellen, mit einbegriffen sein, so bleiben unaufgeklärt Beispiele wie un jeune homme, un nouvel habit, bei denen ein in die Rede eingeführter homme oder habit erst apperzipiert werden sollen als jeune oder nouveau. Vorgestellt aber würden demnach nur solche Abjektive vorkommen dürfen, die mit dem Substantiv einen Begriff ausmachen; vergleiche aber bei Boileau: inutile ramas de gothique écriture, neben écriture gothique u. a.

Bölcker spricht dagegen wieder von der Neigung des Abjektivs vor das Substantiv zu treten in den altfranzösischen Texten und faßt die Diez'schen Direktiven zum Teil nicht richtig auf. Nach ihm soll die inhärierende Eigenschaft vorstehen, die unterscheidende nachfolgen; d. h. im ersten Falle soll die Eigenschaft schon mit dem Substantivbegriff gesetzt, also aus ihm herausgesetzt sein, womit sich nicht vertragen Ausbrücke wie un savant homme, les belles-lettres, une brillante action, une mauvaise action u. dgl.

Schlickum erkennt ebenfalls germanischen Einfluß in der Bevorzugung des vorgestellten Abjektivs in seinen wenigen, nicht auf ihren Sinn hin genau geprüften Beispielen, und begnügt sich mit der Bemerkung (S. 215), daß das logische Gesetz für das Altfranzösische nicht verbindlich sei; größere Bedeutung müsse man der Rücksichtnahme auf den Wohllaut beilegen.

Philippsthal, der von Toblers Auffassung ausgeht, hält es für nöthig, dieselbe durch die speziellen Regeln bei Maetzner und Diez zu ergänzen, und weist in seinen Texten Abweichungen davon nach.

Von Wagner endlich wird versucht, unter Scheidung der Abjektive in die Klassen der Abjektive volkstümlichen und gelehrten Ursprungs — eine in diesem Falle weder begründete noch vom Verfasser gerechtfertigte Unterscheidung — und unter Gruppierung vorangehender altfranzösischer Adjektive nach den üblichen begrifflichen Kategorien, der Sache statistisch beizukommen. Er sucht durch ziffermäßige Angabe ausschließliche Voran- und Nachstellung, vorwiegende Voran- und Nachstellung, und den Wechsel zwischen beiden Stellungen beim altfranzösischen Adjektiv nachzuweisen. Da nun aber das Motiv der Voran- und Nachstellung durch Abbition und Subtraktion der Fälle im Altfranzösischen ebensowenig wie im Neufranzösischen herausgerechnet werden kann, wobei sich gleich unverhältnismäßige Ziffern für die einzelnen Wörter ergeben würden, so führt der eingeschlagene Weg nicht zum Ziel. Welch' sonderbares Resultat sich ergeben würde, wenn man z. B. die Stellung des Adjektivs in einem französischen Gesetzbuch mit der in einem lyrischen Dichter oder Dramatiker zusammenwerfen und das Ergebniß statistisch feststellen würde, sieht jeder ein. Und wenig verschieden hievon ist Wagners Verfahren. Auf die Qualität der Fälle wirft er kein Licht. Da die Adjektive bei Wagner meist nur nach ihrer konkreten Bedeutung oder, bei Anerkennung übertragener Bedeutung, öfters unrichtig rubriziert werden, und eine Minderzahl von Fällen abweichender Folge mit Auskunftsmitteln, wie „wegen Stellung in der Pause", „wegen Betonung oder Hervorhebung" (S. 37, 40, 45 bei grand, petit, gros, fort u. s. w.) abgethan wird, eine unerwartete Nachstellung des Adjektivs mit der Bemerkung „wegen Hervorhebung des Adjektivbegriffes" (S. 88) legitimiert wird, so kommen hier eine Menge besonderer Motive in Anwendung, deren Richtigkeit so wenig nachgewiesen, wie sie unter einen Hut zu bringen gesucht wird. Wagners Schrift bietet daher weder ein Resultat für die altfranzösische Syntax, noch für das Verständnis der Absichten eines Schriftstellers im einzelnen Fall dar, die gerade für unsere Frage von höchster Wichtigkeit sind. Denn die Frage über die Stellung des Adjektivs ist nicht bloß eine Frage der gemeinen altfranzösischen Satzlehre, sondern in höherem Maße eine Frage der altfranzösischen Stillehre. Zudem ist oft genug einseitig von Wagner behauptet worden, daß dies oder jenes Adjektiv sich in seinen Texten nur vor- oder nachgestellt vorfinde, während es sich damit oft anders verhält (Siehe S. 176 ff.). Gleichwohl ist die Schrift als reichhaltige Sammlung von Beispielen von Wert.

II.
Die Stellung des Adjektivs im Neufranzösischen.

Wenn es nun die Absicht der vorliegenden Schrift ist, Licht über die Stellung des Adjektivs im Altfranzösischen zu verbreiten, dies aber weder möglich ist an der Hand der bis jetzt aufgestellten neufranzösischen Regeln, noch auch an der Hand des in diesem Punkte selbst noch unaufgeklärten Gebrauchs im litterarischen Latein, so gibt es für uns nur einen Ausgangspunkt, nämlich zunächst gewisse Begriffe aus der Diskussion zu entfernen, mit denen gewöhnlich ein Deficit der Einsicht bei unseren Grammatikern zu decken gesucht wurde, und die Unverwendbarkeit jener Begriffe im vorliegenden Falle zu zeigen.

Dahin gehören vor allem unbestimmte Begriffe wie „gewöhnliches Vorkommen" oder „Neigung zu dieser oder jener Stellung" und Ausdrucksweisen wie „Ausnahme", denn dieselben können nur auf einem Nichterkennen von Verschiedenheiten beruhen, da, was Renan von der Sprache überhaupt sagt, auch von der Wortstellung gilt, die sich nämlich allerdings nicht nach irgend einer von vornherein festgestellten Regel gestaltet, in der aber gleichwohl alles „motiviert" ist. Und nicht nach der Häufigkeit einer Adjektivstellung, sondern nach ihrem Sinne, nach der zu Grunde liegenden Absicht, nach ihrer psychologischen Radix wird gefragt, wenn ihr Motiv erkannt werden soll; nicht die Regel des Grammatikers ist der Sprachgebrauch, sondern der Redende und Hörende sind es, die ihn feststellen.

Ebensowenig aber kann bei der Wortstellung von freier Wahl und Willkür die Rede sein. Denn wenn schon das „Ohr" bei Abweichungen von der üblichen Aussprache eines Lautes oder bei einer Betonung, welche vom Gewöhnlichen oder Begründeten sich entfernt, unangenehm berührt wird und beim Hörer Verwunderung oder Mißbilligung entsteht, wie viel mehr bei körperlicheren Sprachbestandteilen, wie es ganze Wörter oder Wortfolgen sind. Auch für die Stellung eines Wortes, das nicht, wie z. B. Präpositionen oder Artikel, an eine bestimmte Stelle gebunden ist, muß der Hörer, an den es gerichtet ist, das Motiv zu erkennen vermögen, da sonst die beabsichtigte Wirkung der Belehrung oder Gefühlserregung in ihr Gegenteil umschlagen, und der Redende unverstanden bleiben, oder gar lächerlich werden würde. Überdies setzt willkürliche Vor- und Nachstellung des Adjektivs Sinneseinheit desselben in beiden Fällen voraus, die noch Niemand zu behaupten gewagt hat.

Auch der Wohlklang aber kann, wie schon gesagt, hier nicht entscheiden, denn Vorstellungen und Empfindungen, um die es sich in der Rede handelt, wenden sich nicht an das, über Wohl- und Mißklang von Tönen und Lauten urteilende „Ohr", ober genauer an unsere gewohnheitsmäßig agierenden Gehörsnerven, sondern an Verstand und Gemüt. Wohlklang, in Bezug auf diese verstanden, bedeutet aber doch nichts anderes als eine Gemäßheit von Inhalt und Form der Rede, die Anerkennung, daß das Gesagte dem Mitzuteilenden nach Maßgabe der Mittel der Sprache angepaßt ist und, ohne Anstrengung zu verursachen, in dasselbe einzubringen dient. Demgemäß unterscheidet auch das Ohr nicht über die Stellung des Adjektivs, wie die französischen Grammatiker wollen (vgl. Giraalt-Duvivier, Grammaire des Grammaires I, 365). Denn damit kann ja im Grunde nichts anderes gemeint sein, als eine durch den Gebrauch der Sprache gewonnene Einsicht, oder ein Gefühl für das Sprachgemäße, das Sprachmögliche und das dem Gedanken, nach ererbten oder von Anderen angewandten Ausdrucksweisen Abäquate. So wenig ein Gedanke wohlklingend ist oder nicht, sondern allein richtig oder falsch, so wenig ist er musikalisch zu beurteilen und somit unterliegt die Stellung des Adjektivs der Beurteilung des Verstandes. Es kann unbeschadet des Sinnes dem einen oder dem anderen Worte, nach bestimmten Analogien in der Sprache, eine mehrfache Stellung gegeben werden; aber nur eine wird die vollkommene, den an den Ausdruck zu stellenden Anforderungen entsprechende für einen bestimmten Gedanken sein.

Auch der in der Wortstellungslehre der antiken Sprachen so beliebte Begriff des Rhythmus ist ein zu eliminierender Begriff. Denn die hierunter etwa verstandenen Parallelismen und Antithesen der Wortanordnung künstlerischer Rede werden in ihrer stilistischen Angemessenheit für den gegebenen Zweck allein vom Verstande gewürdigt.

Die Anwendung aller dieser Ausdrücke auf syntaktische Dinge kommt mithin einem Verzicht gleich auf die Erkennbarkeit des zu Grunde liegenden Motivs. Ob er wegen ihrer Schwierigkeit nötig ist für die neu- und altfranzösische Adjektivstellung, ist eine Frage, die nicht von vornherein verneint werden kann, weil die Gesichtspunkte, unter denen die Adjektivstellung betrachtet werden kann, bisher nicht erschöpft sind. Bis jetzt suchte man gewöhnlich Beispiele zusammen aus Prosa und Poesie; man wendet dieselbe Regel an auf lehrhafte und rhetorische Darstellung; man isolirt die Wörter und achtet nicht darauf, daß ihre Bedeutung und ihr Wert sich ändern, je nach ihrer Beziehung und Stellung zu anderen Wörtern; man übersieht den Willen des Redenden und die von ihm etwa beabsichtigten Wirkungen auf den Hörer; man denkt auch wohl an eine unbegrenzte Funktion der an die nämliche Stelle gesetzten Wortart. Man sondert nicht archaistischen, für die Nachbildung abgestorbenen Sprachgebrauch von den, in einer Zeit und Stilart allein noch produktiven Typen des Ausdrucks und wirkungsfähigen Analogien, auf die sich jederzeit eine Sprachregel begründen läßt, sowohl in der Satz-, wie in der Form- und Wortbildungslehre. Man faßt die gedruckte Rede zu sehr als bloße belehrende

Mitteilung, zu wenig als die Seele des Redenden erschließende Denk- und Willensbestimmung des Hörenden auf. Es ist begreiflich, daß die Verschiedenheiten des sprachlichen Ausdrucks insbesondere zu berücksichtigen sind, wo die Sprache mehrfachen Ausdruck zur Verfügung stellt, welcher gar nicht mehr Gegenstand der bloßen Satzlehre ist, die es nur immer mit der einen Ausdrucksweise zu thun hat, sondern der Stilistik, die ihrerseits nichts zu thun hat mit der unwandelbaren Stellung von Wortarten wie der Artikel, die Präposition, das deutsche attributive Adjektiv u. dgl.

In Bezug auf die Adjektivstellung im Französischen darf nun aber, wie es scheint, als feststehend gelten:

1. daß, wie im Latein und in den übrigen romanischen Sprachen, so auch im Französischen das attributive Adjektiv nie an nur eine Stelle gebunden war, also auch nicht, wie man behauptet hat, der Platz hinter dem Substantiv der eigentlich zuständige ist; sowie

2. daß die Rede entweder teilnahmsloser Bericht, objektive Angabe eines Thatbestandes, Aufklärung über das „Ist“ eines Seins oder Geschehens, oder aber teilnahmsvolle Mitteilung, subjektive Darlegung des Gedachten, Eröffnung über persönliche Wertung von Gegenständen ist, der Redende also dem Hörer nur Erkenntnis vermitteln oder ihm die Dinge in subjektiver Beleuchtung erscheinen lassen kann.

Daraus folgt aber für unsere Frage:

a) daß, wenn das Französische, abgesehen von der Metapher, nicht noch über andere Mittel, wie z. B. die Betonung, verfügt, um durch ein Wort oder eine Wortgruppe beim Hörer eine der des Redenden gleichartige Empfindung, Auffassung und Wertung von den Dingen zu erwecken, es solche Wirkung nur durch Wortstellung erreichen kann, und dem Adjektiv diejenige Stelle geben muß, an der es die Absicht des Sprechenden zu erfüllen vermag. Da es nun aber Benennungen von Eigenschaften gibt, deren Stellung wegen ihrer lediglichen Beziehung auf das Sein, nicht vom Belieben des Hörenden abhängig gemacht werden kann, und andererseits solche, die immer nur vom Subjekte zuerkannt werden können, einen objektiven Thatbestand daher nicht ausdrücken, also Adjektive, die ihren Platz nicht zu wechseln vermögen, so erhellt, daß eine zweifache Stellung nur solchen Adjektiven gegeben ist, die in dem einen wie in dem anderen Sinn brauchbar sind, was freilich von der weit überwiegenden Mehrzahl gelten wird. Bestimmte nun der Franzose zur Angabe von accidentellen Erscheinungen an einem Gegenstand oder einer Person (wie sie die den Zeitbegriff nicht ablegenden Participien, die nicht auch Adjektivbedeutung angenommen haben, wie z. B. mourant, mort, rompant, rompu, ausdrücken), die Stelle hinter dem Substantiv, so wird diese von jeher auch den Adjektiven mit ausschließlichem Istsinn, wie ihn für verschiedene Zeitphasen das Participium angiebt, zukommen, Adjektiven

2

also, die ein Ding nur von andern seiner Art (barbe blanche), nach den Zuständen, denen es unterworfen ist, unterscheiden, Adjektiven, die nur einen Teil des Begriffsumfanges eines Substantivs als in Frage stehend angeben, und lediglich Eigenschaften als vorhanden bezeichnen (wie die Participien einen Vorgang als verlaufend oder als verlaufen darstellen). Die Stelle vor dem Substantiv dagegen wird für die Attribuierungen bestimmt sein, für die der Wille oder die persönliche Schätzung des Subjekts maßgebend ist (blanche barbe).

b) Es folgt aber hieraus weiter, daß das nachgestellte Adjektiv und das vorausgehende Substantiv wohl in ihrer Eigenschaft als Sachbezeichnungen (termes propres) an ihrer Stelle auftreten, Adjektive nicht aber zugleich auch in einem wertenden, metaphorischen Sinne nachstehen können. Vielmehr kann hiernach das Adjektiv im bildlichen Sinne nur noch als Stellvertreter eines den substantivischen Sachbegriff kennzeichnenden, nicht eines wertenden adjektivischen Sachbegriffs nachfolgen; also da, wo es als Stellvertreter eines Istmerkmals, das die Sprache vielleicht nur bildlich anzugeben vermag, bei einem Substantiv auftritt, z. B. un rire jaune (= à contre cœur, widerwilliges Lachen), langue verte (= intelligible pour les initiés, geheime Sprache); denn nicht der Farbebegriff ist es ja hier, der die Nachsetzung des Adjektivs veranlaßt, da er gar nicht in Frage ist, sondern die Absicht des Redenden einen Artbegriff anzugeben, ein besonderes Lachen zu kennzeichnen, was hier bildlich geschieht. Wo sonst dagegen in bildlicher Weise eine Eigenschaftsbestimmung für eine Person, Sache oder Erscheinung gewählt wird, schließt das verwendete Bild eine subjektive Wertbestimmung ein, es zeigt den Gegenstand in subjektiver Beleuchtung als groß und annehmbar, wenn das Bild für den Hörer einen Wert darstellt, als gering und unwert, wenn das Bild den Gegenstand herabdrückt. Man sagt daher wohl une blanche barbe (um das Ehrwürdige der Erscheinung hervorzuheben), un grand homme (= distingué par son esprit), aber nicht im gleichen Sinne homme grand; un soi-disant poète, aber niemals un poète soi-disant (hier jemand, dem man den Wert eines Dichters aberkennt).

c) Weiter geht daraus hervor, daß ein in der substantivischen Sachbezeichnung bereits gedachter Eigenschaftsbegriff nicht unterscheidend hinter dem Substantiv stehen kann (daher nicht neige blanche), sondern dieser Eigenschaftsbegriff nur mit dem Accedenz des Beifälligen oder Mißfälligen ausgesprochen werden kann, da den im Substantiv bereits gedachten Eigenschaftsbegriff nochmals auszudrücken eine lächerlich wirkende Tautologie aussprechen hieße.

d) Es folgt ferner aus dem Gesagten, daß die adjektivischen und substantivischen Sachbezeichnungen nicht in gleicher Stellung verschiedenen Wortsinn reflektieren können: z. B. heißt âge moyen (mittleres Lebensalter) nicht auch Mittelalter, weil âge Sachbenennung des Lebensalters (nicht Zeitalters), moyen Maßangabe auch der Zeit ist, also

Âge moyen schon das mittlere Lebensalter, als terme propre, bezeichnet. Vielmehr muß bei aus dem Satzzusammenhang erhellendem besondern Nebensinn des Substantivs, das seinen Sinn behaltende Adjektiv seine Stelle wechseln, daher moyen âge; b. h. moyen nimmt bei der Unterscheidung breier Zeitalter (alte, mittlere, neuere Zeit) die Stelle ein, die bie Rangzahl second beanspruchen würde.

e) Es folgt aber sogar, daß auch eine abjektivische Sachbenennung, die hinter einem eben solchen Substantiv widersinnig sein würde, vor ihm als Stellvertreter einer andern Sachbenennung stehen kann. So werden altfranzösisch blanc ober noir moine verbunden im Sinne von weißgekleibeter (Cistercienser) ober schwarzgekleibeter (Benediktiner) Mönch. Moine noir, moine blanc könnte zunächst etwa nur Mönche von schwarzer ober weißer Hautfarbe bebeuten, die es nicht giebt ober gab. Die Analogie, bie eine solche Ausbrucks-weise berechtigt erscheinen läßt, bie nicht in der Reihe ber Fälle unter a) auch nicht unter d) zu suchen ist, f. S. 20 (vgl. Weißmönch, Schwarzmönch) giebt die Wortbildungslehre an die Hanb; analoge Verbinbungen wie plafond, Decke; bas-latin, Spätlateinisch, werben ja im Neufranzösischen graphisch als Composita gekennzeichnet. Im Neufranzösischen (vgl. Romania II, 500, Revue critique d'hist. et de litt. 1891, I, S. 228) begegnet für blanc, noir moine: moine blanc, noir; moine gris (f. Littré), unb so wurbe auch schon im Altfranzösischen bes XIII. Jahrhunderts sprichwörtlich gerebet von « convoi-tise de moines blancs» unb « envie de moines noirs » (f. Le Roux de Lincy, Livre bes Proverbes, I, 35). Dieser Verbinbung bienten als Vorbilber Composita wie bejaune = Gelbschnabel, ober tête-noire = schwarze Natter; wenigstens nach Seite ber Form, unb sie wurbe erst möglich, nachbem die Zahl ber Mönchsorben sich erheblich vermehrt hatte unb es Gewohnheit geworben war, bie Mönche nach ihrer Tracht zu klassifizieren unb zu unterscheiben, eine Absicht, bie ber ältern Wortorbnung blanc moine noch nicht innewohnte. Übrigens kommen beibe Konstruktionsarten auch in lateinischen Texten bes XII. Jahrhunderts vor. So schreibt Nigellus in seinem Speculum stultorum (c. 1190): « niger monachus, albus monachus unb monachus albus (f. The anglo-latin Satirical poets of the twelfth Century von Thomas Wright. Lonbon 1872.

Artbegriff unb Wertbegriff mit einanber verbunben bei einem Substantiv zeigen bieselbe Anorbnung, wie wenn sie einzeln stehen, z. B. de (bonnes) pièces lyriques, d'(anciennes) figures extraordinaires, cette (étonnante) lutte électorale, une (grande) dame étrangère u. bgl.

Bei der Voran- unb Nachstellung bes Abjektivs kommen, mit Rücksicht auf sachlichen ober übertragenen Sinn bes Substantivs ober bes Abjektivs, ober beiber zugleich, über-haupt nur acht verschiebene Fälle in Betracht, bie durch folgenbe Beispiele bezeichnet werben können.

1. Voranstellung.

	Abjektiv	Subſtantiv
a) ſachl. + ſachl.	bel	homme
b) übertr. + übertr. *	haute	situation
c) übertr. + ſachl.	basse	intrigue
d) ſachl. + übertr.	moyen	âge

2. Nachstellung.

	Subſtantiv	Abjektiv
α) ſachl. + ſachl.	homme	grand
β) übertr. + übertr.	eau	forte **
γ) übertr. + ſachl.	jour	faux ***
δ) ſachl. + übertr.	pas	lourd

Man erkennt leicht, daß in den Fällen α, β, γ, δ Unterſcheidungen wahrnehmbarer Art, Bezeichnungen (oder Formen) des Seins, in den Fällen a, b, c, d dagegen ſubjektive Wertſchäzungen und Rangangaben vorliegen, daß jene an die Einſicht und Kenntnis des Hörers ſich wenden, dieſe an ſein Empfinden und Wollen appellieren.

Wo es ſich anders zu verhalten ſcheint, müſſen Aufſchlüſſe aus der hiſtoriſchen Bedeutungslehre ſich ergeben. Denn es zeigt ſich, daß der Sinn des Abjektivs (und Subſtantivs) im einzelnen Falle und nicht ſeine Grundbedeutung für ſeine Stellung entſcheidend iſt, daß es daher falſch iſt z. B. zu lehren, äußere Eigenſchaften bezeichnende Abjektive folgen dem Subſtantiv u. dgl., daß es auf den Sinn des Wortes, den der Satzzuſammenhang allein erkennen läßt, auch hier, wie in ſo vielen Fragen der Syntax, ankommt, bei Erkennung des Motivs einer Abjektivſtellung alſo ausſchließlich der Sinn der Verbindung mit dem Subſtantiv entſcheidet. Die äußerliche Auffaſſung des Wortes in der Syntax iſt es allein, die in der Satzlehre der neuen Sprachen ſo ausnahmsreiche Regeln aufſtellen läßt, während ſie vom Gedachten, alſo vom Wortſinn auszugehen hätten. Insbeſondere iſt hier auch zu beachten, daß ein Abjektiv in verſchiedenen Zeiten nicht nur als Sachbenennung Verſchiedenes ausſagen kann (z. B. étrange, altfranzöſiſch fremd und ſeltſam, neufranzöſiſch nur ſeltſam), ſondern, daß Eigenſchaften auch einen relativen zeitlichen Wert beſitzen, der ſich ändern kann, z. B. vermeil und blanc von Kleidungs- oder

---

* Es ſei nochmals erinnert, daß übertragener Sinn eines Wortes nur aus dem Satzzuſammenhang, aus den auf das betreffend Wort bezogenen Satzbeſtandteilen erhellt.

** Radierung oder Scheidewaſſer.

*** Falſcher Tag, falſches Licht, das durch das Fenſter einer Zwiſchenwand einfallende Licht.

Wäschestücken stehen altfranzösisch lange Zeit hindurch voran (Wagner, S. 43), heute nach, weil die zu jener Zeit wertvolle, heute verdrängte und ersetzte Scharlachfarbe, jetzt ebensowenig noch wie saubere Wäsche mit Auszeichnung genannt werden kann.

Diese Betrachtungen geben der von Professor Gröber (Grundriß I, S. 214) für das Neufranzösische aufgestellten Regel recht, nach der das neufranzösische nachgestellte Abjektiv verstandesmäßig, logisch distinguiert, unterscheidet, kennzeichnet, begrifflich bestimmt, und nur dies zu thun bezweckt; wogegen das vorangestellte Abjektiv jede andere Bestimmung, zu der das Abjektiv beim Substantiv dienen kann oder soll, erfüllt: entweder eine Eigenschaft affekterregend einer substantivischen Benennung attribuiert, subjektiv oder objektiv (d. h. der allgemeinen Auffassung entsprechend) zuerkennt, oder aber — ein die Lehre von der Wortzusammensetzung eigentlich angehender Fall — solche Bestimmungen angiebt, die nach-gestellt begrifflich unverbindbar oder widersinnig wären (altfranzösisch moine noir), und nur vorangestellt den übertragenen Sinn eines Substantivs (moyen âge) oder eines Abjektivs (noir moine) erkennen lassen.

III.

Verhältnis des Stellungsprincips zu dem bisherigen Regelwerk.

Daß diese drei Bestimmungen für die Stellung des neufranzösischen Abjektivs, von denen die dritte die Wortbildungslehre angeht, vollständig ausreichend sind, läßt sich zur Genüge darthun an den Beispielen und Regeln der oben genannten Grammatiken des Neufranzösischen, da dieselben sich sämtlich ihnen unterordnen lassen, sowie an weitern im Verlauf der Untersuchung anzuführenden Beispielen und anderwärts aufgestellten Regeln, soweit sie überhaupt auf richtige Beobachtung Anspruch machen können.

In Diez's Beispielen für das vorangestellte Abjektiv, das (II, S. 432)
a) dem Substantiv eine minder hervorstechende, allgemein ausgedrückte, oder eine dem Begriff des Substantivs verwandte Eigenschaft beilegt (cher ami, doux parfum, heureux pays, claire fontaine), ist leicht der allen gemeinsame affektische Wert des voran-gestellten Abjektivs zu erkennen, durch den der Eindruck, den der Redende von den Gegenständen empfing, angegeben werden soll. Dagegen dürfte es schwer sein, die von Diez hier geltend gemachten Motive für die Voranstellung des Abjektivs als wirksam nachzuweisen. Oder können cher, doux, heureux, clair minder als rond, amer, noir, chaud (S. 433) nicht hervorstechende oder mit dem Begriff des Substantivs verwandte Eigenschaften genannt werden?

b) Ebenso handelt es sich in den für Nachstellung angeführten Fällen, amande douce (Gegensatz: bitter), soleil levant (Gegensatz: couchant), nicht um Individualisierung des substantivischen Sachbegriffes, sondern um Unterscheidung. Auch die Erscheinungsformen eines Einzelwesens unterscheidet das beigesetzte Abjektiv, es kann dieselben aber nicht, was man ebenso irrig u. a. vom Artikel sagt, „individualisieren". Amande douce ist noch immer ein Collectivbegriff gerade so wie amande selbst und erweckt nicht die Vorstellung eines Einzelwesens; soleil couchant erscheint nur darum als solches, weil soleil ein solches von Haus aus ist.

c) Die in diesem Falle zulässige Inversion, „durch die das Abjektiv an Bedeutung gewinnen soll" (horrible faute), läßt das Abjektiv wieder nur als affektische Zuerkennung erscheinen.

d) Es soll gleich gut gesagt werden und vom rhythmischen Gefühl abhängig sein: émotion douce und douce émotion, wo der letztere Ausdruck wieder nur wie in a) S. 21 gemeint ist, und der erstere eine Art der Emotion einer andern (violente, forte, etc.) entgegenstellt. Im Grunde kann hierüber allerdings nur der Zusammenhang der Rede, in der jene Ausdrücke begegnen, Aufschluß geben, denn ihre Deutung hängt vom Zusammenhang ab, nicht aber von dem Gebrauche, den die Grammatiker von ihnen in ihren Beispielen machen; sie sind darum im Grunde unzulänglich für das, was sie erweisen sollen.

e) „Abjektive von geringem Umfange und geringer individualisierender Kraft, die vorangehen (beau, bon, meilleur, digne, sot, vieux, grand, gros, jeune, jolie, mauvais)", drücken entweder eine Wertung aus, oder sind dessen fähig. Diese Abjektive sind im allgemeinen Sprachgebrauche wertende Eigenschaften, und werden in diesem Sinne als allgemeinste Wertbezeichnungen (ethische, intellectuelle, physische) vor das Substantiv gesetzt, sind aber darum nichtsdestoweniger fähig als distinguierende Eigenschaften hinter dem Substantiv aufzutreten (vgl. mœurs mauvaises, réponse sotte, vin vieux.)

f) Nur subjektive Schätzung drücken aus „die vor Eigennamen stehenden Abjektiva: le divin Platon, le grand Frédéric". Hinter Eigennamen können Abjektive nicht stehen, weil jene Namen keine Artunterscheidung vertragen, da sie Individuen bezeichnen.

g) Die „sinnlichen Eigenschaften" bezeichnen „nachgestellt", als Sachbenennungen hinter Sachbenennungen, distinguierend, eine Art, (table ronde, habit noir, herbe amère, lait chaud), vorgestellt stehen sie als affekterregende Metapher und Wertung (noir nuit, blanc et fin samis, chaude fontaine). Die von Diez hieher gezogenen Zusammensetzungen: blanc-bec, rouge-gorge u. s. w., gehören in die Wortbildungslehre und erfahren hier, wo es sich um syntaktische Erscheinungen handelt, keine weitere Erörterung, wenn auch jene Verbindungen mit unserer Frage in einem gewissen Zusammenhang stehen.

h) „Nachstehen die Adjektive, welche äußere Verhältnisse und leibliche Zustände bezeichnen", weil sie nämlich gleichfalls als Sachbenennungen eine Art kenntlich machen (opinion commune, défant naturel, genre humain, guerre civile, langue vulgaire, langue moderne, femme malade, homme aveugle); wie aus den Gegensätzen: opinion personnelle, langue savante u. s. w. erhellt.

i) „Von Eigennamen abgeleitete Adjektive stehen nach", weil auch sie unterscheidender Art sind (empire romain, église luthérienne); vgl. die Gegensätze: empire allemand, église catholique. Aber, wie Diez richtig bemerkt, „in höherem Stil", der Affekt erregen will, stehen auch sie voran.

k) „Desgleichen die Participien", weil sie den Zustand einer Person oder Sache der Zeit nach von einem andern unterscheiden (victoire éclatante; aber wertend, une éclatante victoire).

l) „Ein zum Adjektiv gehöriges Adverb macht, wenn es nicht mehrsilbig ist, an der Stellung des Adjektivs kaum einen Unterschied". Es handelt sich lediglich um Grad bezeichnende Adverbien, die bei wertenden Adjektiven voranstehen, bei distinguierenden folgen (une très jolie maison, un si tendre amour, un mensonge si noir, une fleur si belle). Die Beurteilung dieser Stellung ist jedoch wieder nur aus dem Zusammenhang möglich, der hier von Diez nicht gegeben ist. Sie ist aber nicht anders aufzufassen, als die des Superlativs; denn es handelt sich um eine dem sogenannten Elativ verwandte Ausbrucksweise.

m) „Der Superlativ" aber ist ein selbstständiges, zusammengesetztes Satzglied, und steht deshalb ursprünglich hinter dem Substantiv; aber nach Analogie der nicht zusammengesetzten Superlative auch voran (vgl. dernier, premier u. s. w.); er nimmt mithin die Stellung der Rangzahlen ein, die selbst Werte aber keine Unterscheidung ausdrücken.

n) „Adjektiva, an welche andere Redeteile sich anknüpfen, haben ihren Platz hinter dem Substantiv (une femme agréable à tout le monde)." Diese Stellung ist durch die Kasuslosigkeit des französischen Namens gefordert, und gilt nicht bloß für das näher bestimmte Adjektiv, sondern auch für das Adverb.

o) „Mehrere Adjektive können ihr Substantiv in die Mitte nehmen", aber das affektische geht voran, das distinguierende folgt (belle musique italienne).

p) Sehr richtig erkennt hier Diez, daß viele Adjektive, im eigentlichen Sinne angewandt, ihre eigentliche dieser Wortklasse vorzugsweise gebührende Stelle nach dem Substantiv einnehmen, „im figürlichen Sinne aber vortreten (verte jeunesse, noir présentiment, aveugle désir, pâle mort, pauvre auteur; cheval noir, couleur pâle, homme aveugle, lumière brillante, auteur pauvre)"; an der bildlichen Bezeichnung haftet der Affekt.

q) „Bei anderen Abjektiven ift ber Grunb beß an ihrer Stellung haftenben Unter-
fchiebß ber Bebeutung minber flar [homme galant, gefallfüchtig; galant homme, fein;
homme brave, tapfer; brave homme, rechtfchaffen; homme honnête" (= poli), höflich*;
honnête homme, reblich; chose certaine, certaine chose" (= quelque chose); „habit
propre, propre ** habit]."

Doch liegt hier genau berfelbe Unterfchieb zwifchen logifcher Diftinguierung eineß
terme propre, unb affettifcher Attribuierung mittelß metaphorifchen Sinneß vor.

Mit Mäßnerß Beftimmungen unb Beifpielen verhält eß fich ebenfo; auch fie
laffen fich ben vorhin entwidelten Grunbmotiven unterorbnen. In beffen Syntax II,
Seite 371 werben unter α), wie eß fcheint alß Beifpiele für bie von ber Auffaffung beß
Rebenben abhängige Voran- unb Nachftellung beß nämlichen Abjektivß, l'heureuse
simplicité de nos pères unb des contrastes heureux, angeführt. In bem erften Falle
foll baß vorangehenbe Abjektiv alß fubftantiell mit bem Hauptwort zu einem Begriffß-
ganzen verfchmolzen gelten, während im zweiten baß nachgeftellte Abjektiv alß accibentelle
unb zugleich unterfcheibenbe Eigenfchaft beß Subftantivbegriffeß aufzufaffen fei; waß man
bahin verftehen muß, baß hier beabfichtigt wurbe, von einer Art verkommenber Contrafte,
nicht vom malheureux contraste, fonbern von einer anbern Art, von bem contraste
heureux zu reben.

Unter β) foll ber lautliche Umfang ober ber mehr ober weniger reiche Inhalt
beß Abjektivß ober beß Subftantivß bie Stellung: il tient un rang considérable, unb:
que craindre de ce fol ennemi, erklären; während im letzteren Falle bie Stellung
ennemi fou auszufchließen ift, weil eß keinen ennemi fou giebt unb Verachtung auß-
gebrüdt werben foll, im erfteren eß lebiglich bie Art beß Rangeß anzuzeigen gilt.

Mit ber Umlehrung ber Stellung folcher Abjektive von größerem ober geringerem
Umfange foll fich großer rhetorifcher Nachbrud entwideln; fo in bem Beifpiel (S. 372):
Il parle avec une inconcevable facilité, unb: Il est d'une gaieté folle. Während aber
bort baß Abjektiv ben Wert von admirable befitzt, brüdt hier bie Umkehrung nicht eine
Verurteilung ber Heiterkeit wegen ihreß Übermaßeß auß, fonbern unterfcheibet fich von
gaieté modérée u. bgl. (vgl. o. S. 16 rire jaune).

Auch nicht bie bloße „Übertragung beß Abjektivß in eine anbere Begriffsfphäre" ift

---

* S. Littré a. v., Rem. 2: „Le sens varie suivant qu'honnête précède ou suit homme. Un
honnête homme, d'honnêtes gens, un homme, des gens qui observent les lois de la morale. Un
homme honnête, des gens honnêtes, un homme, des gens qui observent les lois de la civilité."
** S. Littré a. v., Rem. 1: „Les propres termes sont les mêmes mots, sans y rien changer.
Les termes propres sont les mots qui expriment bien et selon l'usage de la langue ce que l'on
veut dire."

der Grund, weßhalb γ) dans une forêt sombre und un sombre avenir, une barbe noire und une noire trahison, de folles dépenses und il a dépensé un argent fou dans cette maison, gesetzt wird, sondern die vorangestellten Abjektive werten auch hier den Substantivbegriff, zeigen ihn unter einem Bilde des Berächtlichen oder des Lobenswerten. In den § 536 I a angeführten Beispielen sind Nachstellungen von Abjektiven enthalten, welche physische Beschaffenheiten bezeichnen. Es sind dies durchaus artangebende Sachbenennungen zu den vorangehenden Substantiven. Die als Ausnahmen geltenden Abjektive wie grand, gros u. s. w. haben oben Seite 22, e ihre Erledigung gefunden. Mit den im bildlichen Sinne angewandten, physische Beschaffenheiten bezeichnenden Abjektiven (une noire mélancholie) verhält es sich genau wie oben Seite 22, b bemerkt wurde.

Mit den ursprünglich der sinnlichen Begriffssphäre angehörigen Abjektiven, mit denen bei wechselnder Stellung ein konventioneller Unterschied der Bedeutung sich verknüpft, wie Maetzner sagt, verhält es sich, wie Seite 24, q bemerkt ist; (femme grosse, grosse femme, grosse héritière, grosse maison; nouveau hinter dem Substantiv heißt „noch nicht dagewesen" vor dem Substantiv „ein anderes Exemplar", Stellung analog dem ähnliches bedeutenden autre). Die andern „nur der Poesie gestatteten Ausnahmen": A barbe rousse et noirs cheveux, ne t'y fie si tu ne veux; Plus encore qu'il fît pour la grecque beauté; (die griechische Schönheit κατ᾽ ἐξοχήν) zeigen die affektische Attribuierungsweise der Dichtersprache, die sich meist hütet, lehrhaft zu distinguieren, und die in den Beispielen Maetzners, bei Nachstellung des Abjektivs, zum Teil unmögliche Distinktionen vorgenommen haben würde.

Ganz richtig wird dagegen Seite 375 die gelegentliche Voranstellung des Particips (prés.), bei Entäußerung seiner verbalen Natur, auf die für das Abjektiv maßgebenden Grundsätze zurückgeführt (cette étonnante créature ist affekterregend; créature étonnante giebt es nicht; à côté du dit général, einen général dit giebt es nicht; dit nimmt die Stellung eines Pronomens („jenes") ein (s. o. S. 20), es erfüllt die Rolle eines Demonstrativums).

Zu I γ „andere Satzteile regierende Abjektive, Participien" und zu I δ „durch Abverbien bestimmte nachgestellte Abjektive", siehe oben S. 23. Die unter dem Begriff der ethischen Attribute (S. 377, 2) angeführten, sowohl voran- als nachstehenden Eigenschaftswörter unterscheiden sich ebenso in Artbegriffe und Wertbegriffe (un homme savant, un savant homme, un ami véritable, welcher die Wahrheit spricht, un véritable ami, der den Namen Freund verdient, daher des Lobes würdig ist u. dgl. Die regelmäßig nur vor dem Hauptworte stehenden Abjektive, wie bon, cher u. s. w., und die in ursprünglicher Bedeutung gebrauchten, dem Substantiv nachgestellten, in übertragener Bedeutung vorangestellten Abjektive der ethischen Sphäre (brave u. s. w.) betrachtete zum Teil schon Diez; sie sind bereits oben, Seite 22, d und e, besprochen worden.

Das Wesen des vorangestellten Abjektivs ist auch in Maetners Grammatik (S. 570) nicht erfaßt, wenn α) aa es eine dem Substantivbegriff innewohnende, in seiner Natur begründete, ober an ihm vorausgesetzte und ihm einverleibte Eigenschaft bezeichnen soll; denn in frivole désir ist nicht zuzugeben, daß der erste Begriff dem andern inne-wohne, da es auch andere désirs als frivoles giebt; und ebenso ist dies von criminel attentat zuzugestehen. Wie könnte sonst die Stellung attentat odieux (Littré) erklärt werden, da die Hassenswürdigkeit ebenso dem Begriff des attentat (b. i. tentative criminelle) wie das Verbrecherische innewohnt. Der Sinn von attentat ist heute so abgeschwächt (= acte de violence), daß man nicht strafbare (berechtigte) und nicht hassenswürdige (sondern löbliche) attentats anerkennt; daher auch attentat odieux. Ebenso kann nur insofern gesagt werden, daß heureux, in heureuse harmonie, ein der harmonie innewohnender Begriff sei, als der Sinn von beglückender und somit erfreuender Wirkung hier Platz greift; dagegen liegt heureux, parsait in: heureuse émotion, parsaite harmonie wiederum nicht im Substantivbegriff. Daß aber nicht harmonie heureuse gesagt wird, erklärt sich daraus, daß heureux mit harmonie keinen Artbegriff bildet, wie ihn z. B. organique, évangélique u. dgl. bildet. Der durch ein Abjektiv ausgebrückte, dem Substantiv innewohnende Begriff kann selbstverständlich nur herausgehoben werden, um affektisch attribuiert zu werden, da er nicht Arten anzugeben vermag; so heißt es blanche neige, weil es in Hinsicht der Farbe nur eine Art Schnee giebt. Auch in diesen Beispielen ist daher das allgemeine und psychologische Motiv der Ausdrucksweise, die Absicht den Substantivbegriff mit einer subjektiven oder objektiven Wertung zu versehen, zu erkennen.

Die übrigen unter bb, β u. s. w., angeführten Beispiele sind von derselben Art wie die aus Maetners Syntax angeführten und sämmtlich im Einklang mit unseren Bestimmungen.

Auch in Toblers Beispielen (s. S. 9) für das vorangestellte Abjektiv sind Wertungen einer Sache oder Person ausgesprochen, wie (S. 9) bereits angedeutet wurde.

Prüfen wir die Regeln und Beispiele noch anderer oben erwähnter Grammatiken, so hat die auf logische Unterscheidung gerichtete Nachstellung des Abjektivs bei Lücking (Schulgrammatik S. 147) größere Beachtung gefunden, als bei seinen Vorgängern. Er hat zugleich eine Klassifizierung der Fälle versucht. Dagegen erkennt Lücking mit Unrecht die Absicht bloßer Unterscheidung in gewissen Formeln, wie la plate-forme, wo es sich um einen durch Wortzusammensetzung gewonnenen neuen (dritten) Begriff handelt, der nicht = forme plate ist; ober wie moyen âge (worüber S. 62, d), ober la sainte famille, wo ein Epitheton ornans vorliegt, denn saint ist kein zur Artbildung bei famille geeigneter Begriff; sobann le quinzième siècle, wovon basselbe gilt, da die Ordnungszahl einen höheren ober niederern Rang anweist, und nicht eine sinnliche ober geistige Eigenschaft ausbrückt; ebensowenig wie die Superlative, beren Endung ja die Ordnungszahl enthält; enblich l'ancien et le nouveau monde, wo ancien jeboch nicht „ehemals vorhanden" (vgl. monde ancien = Altertum) und nouveau nicht „früher nicht vorhanden" (vgl. monde nouveau = Neuzeit), also nicht die Zeitphase bebeuten, sonbern ancien ist gleich „ehemals bekannt" (die Erbe vor der Entbeckung Amerikas) und nouveau ist gleich „anbere" (ber burch die Entbeckung erst bekannt geworbene, gewissermaßen zweite Erbteil). Ancien und nouveau sind also für Begriffe gesetzt, die nicht unterscheibend zu monde treten können. Das Affektische, bas in ber Zeit ber Bilbung biefer Ausbrücke (Zeit ber Entbeckungsreisen) gefühlt werden konnte, wirb heute vielleicht nun nicht mehr gefühlt; es könnten hier archaistische Ausbrucksweisen anerkannt werden. Jeboch erklärt nouveau = autre die Erscheinung völlig burch Analogie. Man sagt ebenso un nouvel habit (anberes Kleib), insofern als hier auf ein zweites Kleib, bas jemand besitzt, hingewiesen wirb. Le Haut-Rhin und le Bas-Rhin wirb gesagt wie Basses-Pyrénées, nicht von bem burch bas Substantiv selbst Bezeichneten, sonbern von umliegenben Gegenben; haut, bas heißen hier nicht hoch und niebrig, wie bei Pays-Bas, und es soll bamit nicht die Flußtiefe und Gebirgshöhe bezeichnet werben, sonbern man spricht im Sinne von hoch- ober tiefgelegenen, oben ober unten gelegenen Gegenben. Mithin sinb bergleichen Verbinbungen, benen ber trait d'union nicht fehlen sollte, nach plate-forme zu beurteilen.

Unberechtigt nimmt Lücking ferner an, baß bas Abjektiv als motivierenbes Merkmal nachgesetzt werbe, ba es sich hier immer nur um Partizipien hanbelt, die an bem Zeitbegriff festhalten und baher nur nachstehen können, weil sie Phase von Phase unterscheiben. Es ist auch nicht richtig zu sagen, baß ein ästhetisch schilbernbes Merkmal, bas nicht als selbstverständlich vorausgesetzt werben kann, bem Substantiv folgt (Beispiel: cet enfant étendit ses bras amaigris; celui-ci l'enlève dans ses mains robustes), ba auch hier lebiglich bem Substantiv zustehenbe Artunterschiebe in Frage kommen, und ästhetisch schilbern, hier nichts anberes sagen kann, als an vorhanbenen Dingen bemerkte, bauernbe ober vorübergehenbe Eigenschaften angeben, also die Absicht besteht, von einer Artung bes Substantivs zu sprechen; wenigstens ist eine weitere Absicht bes Sprechenben in jenen Beispielen nicht inbiciert; bas Abjektiv schilbert hier nicht allein, sonbern ist nur Teil einer schilbernben Darstellung.

Ebenso fallen bei Lücking die Distinktionen für die Voranstellung unnötig zahlreich aus. Mag bas Abjektiv immerhin tonlos als (ästhetisch) schilbernbes Merkmal, sofern dasselbe als ein selbstverständliches vorausgesetzt werden kann, vorangestellt werden, so kann in Beispielen wie: la véritable récompense de nos généreuses actions est en nous, d'heureuses spéculations l'avaient enrichi, wo die Prädikate nur für den aus Adjektiv + Substantiv sich ergebenden Gesamtbegriff gültig sind, das Adjektiv weder ungesetzt bleiben, noch, weil die belehrende Beifügung des Adjektivs durch das Prädikat unmöglich gemacht wird, nachgesetzt werden. Nun aber verknüpft sich mit den herausgehobenen Arten des Substantivbegriffs der Beifall des Redenden und Hörenden (hier ein ethisches, nicht ästhetisches Wohlgefallen), so daß auch hier nur das affektfähige Adjektiv vorangestellt zum Vorschein kommt. Nicht minder in: une lourde diligence, une basse intrigue (sie hat nicht einmal den Wert einer klug ersonnenen). Ebenso in dem schon besprochenen Fall von blanche neige, noir chagrin, wo die Absicht ein ästhetisch schilderndes Merkmal zu setzen nur dem ersten Anblick nach das psychologische „Wie" der Ausdrucksweise darstellt. Daher fällt diese Gruppe von Beispielen für Voranstellung des Adjektivs mit Lücings zweiter (die das emphatisch, als ein affektvolles Merkmal auf-gefaßte Adjektiv betrifft, excellent cœur u. s. w.) zusammen. Diese Unterscheidung mag wohl für die Entwicklung des Unterscheidungssinnes des Schülers nützlich und für richtige Interpretation wegweisend sein; aber der letzte Grund der Erscheinung ist damit nicht gegeben. Es tritt weiterhin dieselbe grammatikalische, nur die logische Bildung des Schülers bezweckende Kasuistik hervor, wenn Lücing unterscheidet: 1) Das emphatisch affektvolle Merkmal als Adjektiv mit concessivem und conditionalem Sinne (den eben das redende Subjekt dem Substantiv attribuiert, da er nicht in dem Worte als Sachbezeichnung ausgedrückt ist); vgl. il regarde ce doux présent comme une charge; 2) Adjektive im elliptischen Ausruf (der immer auf den Affekt berechnet ist); vgl. quelle étrange démarche; 3) das Adjektiv als relativen Begriff (d. h. doch, vom Subjekt zuerkannten), wozu die unter c) erwähnten Adjektive bon, beau, vieux, grand, long, gros und ihre Gegensätze gezählt werden; 4) Adjektive von abweichender, meist sog. figürlicher Bedeutung, wie véritable, vrai, nouveau, u. dgl. (S. 72, unter e). Diese Unterscheidungen des affektiven Adjektivs hätten nur dann einen größern Wert, wenn sie vollständig wären. Doch ist nicht daran zu denken, daß die Nuancen des Affektischen, die durch das Adjektiv zum Ausdruck gebracht werden können, durch solche Aufzählungen zu erschöpfen seien, oder daß sie einzeln ohne gemeinsame radix zu besitzen, im Geiste des Sprechenden die Stellung des Adjektivs vor dem Substantiv wirkten. Der Lehrer verbindet Belehrungen hierüber geeigneter mit der Interpretation eines Schriftstellers, als daß er sich anheischig macht, einen Ueberblick über das Ganze zu geben.

Wenden wir uns zu Brinkmann, so behauptet derselbe mit Recht in seiner Syntax des Französischen, daß Verstand und Gefühl über die Stellung des Adjektivs entscheiden, fügt aber mit weniger Recht als britten Faktor die Bestimmungen des Schönheitssinnes hinzu, wonach kürzere Abjektive vor längeren Substantiven, und umgekehrt, stehen sollen. Ebensowenig darf zugegeben werden, daß außer Berstand und Gefühl auch noch die „Rhetorik" als besonderes Motiv in Frage kommt. Wer möchte übrigens zugeben, daß z. B. in la royale famille des Stuarts der Nachdruck auf famille liegt und nicht auf royale. Royale sagt mehr in la royale famille, als in famille royale, weil im ersten Falle das royale mit Auszeichnung gesetzt wird. Sehr richtig sagt Brinkmann anderswo selbst, daß das Gefühl bestimmt, daß Abjektive, welche in ruhiger, objektiver Darstellung nachstehen, vor das Substantiv gesetzt werden, wenn die Eigenschaft erregend wirken soll.

Nachdem Hölber in seiner Grammatik (Bd. II, S. 152) anerkannt hat, daß die Stellung des Abjektivs abhängig sei von der Art und Weise, wie die Beziehung der Eigenschaft zum Begriff des Hauptwortes aufgefaßt wird, fügt er hinzu, daß auch Gewohnheit, Rhythmus, Wohlklang ihren Einfluß ausüben. So sollen Rhythmus und Wohlklang die Stellung des Abjektivs bedingen in den Beispielen: Je vois bien que tout ce bruit n'est qu'un artifice très ridicule de mes très ridicules ennemis (Boil.). Des lois immorales dignement vantées dans d'immorales parades (Hugo), während doch der Wechsel von Voran- und Nachstellung hier die bekannte Figur des Chiasmus bilden soll und bei näherer Betrachtung leicht ersichtlich ist, daß ridicule und immoral vorangestellt Berachtung und Verwerfung ausbrücken, nachgestellt aber eine Unterscheidung anzugeben bestimmt waren, also nicht des Chiasmus wegen eine neue Sprachregel geschaffen, vielmehr eine solche für denselben verwertet wird; die radix der Erscheinung ist also auch hier der Gedanke, das Gefühl des Redenden und nicht die Rhetorik oder der Wohlklang.

Auch Seeger ist dafür, daß es für die Stellung des Abjektivs allgemeine Regeln nicht gebe, in manchen Fällen sei der Sprachgebrauch nicht zu begründen, Wohllaut und ansprechender Silbenfall seien auch mitwirkend. Die Einzelbestimmungen, die in den Grammatiken Hölbers und Seegers ihren Grundbestimmungen folgen, sind dieselben wie bei den Vorgängern und im Vorhergehenden schon genügend erörtert worden, sowie auch die angeführten Beispiele den in den oben erwähnten Grammatiken angegebenen sich anschließen, so daß davon Abstand genommen werden kann, dieselben hier besonders zu besprechen.

Seeger citierte aus der uns nicht zugänglichen Grammatik von Schmitz nur zwei Regeln, die dieser aber selbst aus Girault-Davivier entnommen hat, und die den Wohllaut betreffen. Derselbe soll nämlich bestimmen:

a) daß Abjektive, welche mit s auslauten, gern vor vokalisch anlautenden Haupt- wörtern stehen;

b) daß Abjektive mit weiblichem Ausgang gern dem Hauptworte vorangehen.

Daß es leicht ist Beispiele zu finden, in denen derartige Verbindungen vorkommen, versteht sich von selbst. Es ist nun aber ebenso leicht Beispiele zu finden, in denen das Gegenteil vorkommt. Seeger selbst citiert anderwärts: guerre sanglante, lune prochaine, fille merveilleuse, vierge sainte, efforts impuissants. Wie wenig derartige Regeln überhaupt berechtigt sind, geht aus den vorhergehenden allgemeinen Erörterungen klar genug hervor. Es ist überdies bezeichnend, daß die Grammaire des Grammaires I, 284 für den Fall des Abjektivs mit auslautendem s vor dem Substantiv mit vokalischem Anlaut nur Beispiele hat wie brillants atours, courageux amis, heureux artifices, wo affektische Attribuierungen vorliegen; ebenso für das Abjektiv mit e vor dem Substantiv: brillante lumière, vaste champ. Die Bevorzugung aber, die nach ihm der Stellung astres brillants vor brillants astres zu Teil wird, weil das Abjektiv mit masculiner Endung nicht gern vor dem Substantiv von femininer Form stehe, ist vielmehr begründet in dem distinguierenden Charakter des brillants bei astres. Anstandslos heißt es ja de beaux livres u. dgl.

Die Resultate der Einzelabhandlungen über die Stellung des neufranzösischen Abjektivs bieten gleichfalls nur eine Bestätigung für unsere Auffassung dar.

Nahe steht der von uns vertretenden Auffassung J. Haegele (De la place de l'adjectif français. Prog. Culm 1858), wenn er, wie Dies und andere vor ihm, in dem nachgestellten Abjektiv une qualité distinctive anerkennt, wobei jedoch die Einschränkung « par suite d'un jugement » störend wirkt. Die Bezeichnung des vorangestellten Abjektivs als „eine Eigenschaft beilegend par suite d'une perception ou d'un sentiment», die entweder allgemein ist (belle maison) oder bildlich, und zwar entweder am Substantiv haftend (habituelle) (fidèle ami), oder mit dem Substantiv verschmolzen (sage femme), ist weder klar noch von der Begriffsbestimmung des nachgestellten Abjektivs streng geschieden, noch sind die gewählten Beispiele der Regel angemessen, während sie sich der unsrigen vollständig fügen.

Eine viel geringere Fähigkeit den Stoff zu durchbringen als Haegele zeigte nach ihm Berkenbusch (über die Stellung des Abjektivs im Französischen. Göttingen 1863). Er kommt über die alten Bestimmungen nicht hinaus. Auf richtigem Wege gelangte zu wenig richtigen Resultaten nach ihm wieder Breusing (über die Stellung des attributiven Abjektivs im Französischen. Crefeld 1873. Prog.), wenn er aus der Liste der in zwei-facher Stellung mit verschiedenem Sinne gebrauchten Abjektive die Ansicht gewinnt, daß das vorangestellte Abjektiv mit dem Substantiv zu einem neuen Begriffe zusammenwächst (bon homme), während die umgekehrte Stellung die bloße Summe von Einzelbegriffen angäbe. Diese Bestimmungen sind freilich wenig klar und sie geben keine rechte Vorstellung

von bem Sachverhalt; denn bon père und père bon find begrifflich basselbe und nur
bem Zwecke des Ausbrucks nach verschieden. Auch Girault Duvivier bemerkte (S.
283): Il est égal de dire bonnet blanc ou blanc bonnet; mais par rapport à l'élocution
on ne doit dire que bonnet blanc.

Die neueste, ben Gegenstand betreffende Erörterung enblich von Dühr (Zur
Theorie ber Stellung des französischen Abjektivs. Culm 1890), die nach Vollenbung ber
vorliegenben Arbeit erschien, kommt ber von Professor Gröber vorgetragenen Erklärung
ber Erscheinung in mancher Beziehung sehr nahe und zeigt einen anerkennenswerten
Scharfblick. Nach ausführlicher Zurückweisung ber Ansicht, wonach die Silbenzahl des
Abjektivs über seine Stellung entscheide, sucht Dühr zu erweisen, baß das französische
Abjektiv, solange es „seinen vollen Naturgehalt, seine ganze etymologische Wortkraft ober
volle konkrete Eigenschaftskraft bewahrt" (S. 12) und „ber Begriff einer Vorzüglichkeit,
eines Grabes, eines Lobes ober Tabels unzulässig sei" (S. 14), hinter bem Substantiv
stehe. Voran stehe bas Abjektiv, „bei bem ein Wanbel ber ursprünglichen Bebeutung
(S. 12) in eine Begriffsschätzung nach Maß, Grab, Güte, unter Lob und Tabel fallend
(S. 13), stattfände." Jeboch hebt Dühr bie Absicht verstandesmäßiger Unterscheibung ober
Artbezeichnung im ersten Falle, die affektische Ursache und Wirkung subjektiver ober
objektiver Begriffswertung, bie mit Ausbrücken wie „Vorzüglichkeit, Grab, Tabel" (S. 8
bis 12) ober „pathetische Abjektive" angebeutet ist, nicht klar hervor. Auch sind Auffassungen
nicht richtig, wie bie, baß bie Eigenschaftsbezeichnung ursprünglich bem Nomen folgen
mußte, baß bie Nachstellung im Französischen eine Reminiscenz ber allgemeinen Sprach-
logik sei (S. 9), baß das Französische von der lateinischen Prosa her, „welche die Haupt-
züge einer allgemein rationellen Grammatik barstelle", sich das angeeignet habe, baß bie
Hauptstelle des Abjektivs ber Platz hinter bem Substantiv sei (S. 9—10). Daß zunächst
anzunehmen sei, baß jebes französische Abjektiv nach bem Substantiv stehe (S. 10), ist
theoretisch und historisch unhaltbar, ba unbestimmbar ist, wie lange in ber Sprache nur
die Absicht zu unterscheiben bestand, wie lange die Eigenschaften ihre volle Eigenart
bewahrten (S. 10), und außerdem bas Lateinische im Wesentlichen selbst schon, so wie
bas Französische, bas Abjektiv vorangehen und folgen läßt. Sehr richtig erklärt Dühr
bagegen aus ber Nachstellung bes verstanbesmäßig biftinguierenben Abjektivs, ober wie
er sich emphatisch und bunkel ausbrückt, bes seinen vollen Naturinhalt, seine ganze
etymologische Wortkraft bewahrenben Abjektivs (S. 10), auch bie Erscheinung, baß im
eigentlichen Sinne eigenschaftslose Wörter wie Zahlwörter, Pronomina und Artikel, bie
mit den konkreten Eigenschaften ber Sprache nichts zu thun haben (S. 10—11), vor bem
Substantiv stehen, baß mit bem Zahlbegriffe verwandte Abjektive (plusieurs, différent,
autre) wegen bieser Verwandtschaft bem Substantiv vorangehen (S. 11), unb baß aus

der Verwandtschaft des Zahlbegriffes mit dem des Maßes, Grades, des Guten, des Schlechten, des Lobenswürdigen und Tabelwerten (S. 11), die unter den Begriff der Schätzung und Tarierung fallen, die Voranstellung entsprechender abjektivischer Bezeichnungen sich erklären läßt. Manche seiner Wendungen jedoch verraten zwar richtige Einsicht, sind aber wenig treffend ausgesprochen, oder sind selbst schief oder unklar. So wenn er z. B. (S. 12) sagt: „eine große Anzahl von Abjektiven wird neben der Stellung nach dem Substantiv auch voraufgestellt. Sofern eine veränderte Bedeutung vorliegt, ist die Zahl derselben durch die Grammatik bestimmt." Oder daselbst: „der Wandel der ursprünglichen Bedeutung des Abjektivs bedingt den Wechsel der Stellung, alsdann rückt das Abjektiv voran (vgl. aber oben rire jaune, caractère vert). Oder wenn er sagt (S. 14), daß in der Voranstellung des Abjektivs nur ein Begriff liege, und die Nachstellung mehr sage; daß in dem vorangestellten profond (profond savoir) das physisch Anschauliche, das Malerische, das mit dem Auge Wahrnehmbare, verloren gehe, was alles in savoir profond liege; daß profond savoir den Begriff „bedeutendes Wissen" streife. Er übersieht hier z. B., daß die Metapher in beiden Fällen besteht (vgl. une verte jeunesse, une profonde émotion, une pittoresque expression); das Abjektiv soll aber im ersten Falle nach der Seite des Maßes, im andern als räumlicher Istbegriff aufgefaßt, das savoir also vorgestellt werden als Raumbegriff, mit der Eigenschaft des profond. Das Mehr im letzten Falle ist vorhanden, aber es ist ein Mehr in Bezug auf Anschaulichkeit, nicht in Bezug auf das Wissen.

Unzulänglich ist auch der kürzeste Ausdruck auf den Dühr die Lehre von der Stellung des französischen Abjektivs glaubt bringen zu können (S. 17), wenn er sagt: „Ist die Qualität so durchsichtig, daß ein Zahl-, Maß- oder Grabbegriff erkennbar ist, so ist das Recht für die Voranstellung gewonnen, nicht die Pflicht dazu." So entsteht der Anschein, als ob z. B. die Maßbegriffe grand, petit u. dgl., die Grabbegriffe, wie bon, mauvais, in gleichem Sinne vor wie nach stehen können (grand homme, homme grand; petit homme, homme petit; bon homme, homme bon). Nicht die Erkennbarkeit aber von Zahl, Maß, Grab ist ein Criterium der Vor- oder Nachstellung, sondern allein die Absicht der Rede oder des Redenden entscheidet darüber, ob eine Eigenschaft (gleichviel ob als Sachbegriff auftretend oder metaphorisch bezeichnet, ob an einem Gegenstand oder einer Person vorkommend) als eine Erkenntnis, eine Artung für den Verstand hingestellt werden soll, oder aber, durch Schätzung einer Person oder einer Sache mittelst abjektivischer Sachbezeichnung oder Metapher, der Hörer für oder gegen Person und Sache eingenommen werden soll.

Eine kürzere Fassung der Regel von der Stellung des Abjektivs im Französischen, welche die Masse von Regeln und Ausnahmen in der Schulgrammatik zu beseitigen geeignet wäre, könnte sich genügen lassen (ähnlich wie es z. B. genügt, den Gebrauch des Subjunktivs dahin zu bestimmen, daß der Gebrauch des Indikativs im Nebensatze und im Hauptsatze genau angegeben, und der Subjunktiv als in allen anderen Fällen zu gebrauchen bezeichnet wird; s. Grundriß I, 214), die Regel von der Stellung des Abjektivs dahin zu formulieren, daß das nachgestellte Abjektiv verstandesmäßig Merkmale angebe, Arten unterscheide, während in allen anderen Fällen das Abjektiv vor dem Substantiv steht. Oder aber, man bestimmt umgekehrt, daß mit dem vorangestellten Abjektiv die affektische Wertung einer Person oder Sache auszusprechen beabsichtigt wird, und das Abjektiv im anderen Falle nachsteht.

Den Wert einer solchen sicher wegweisenden Regel für den Unterricht des Französischen außerhalb Frankreichs wird niemand verkennen, wenn selbstverständlich auch der Franzose, oder wem das Französische sonst zur Muttersprache geworden ist, um das Abjektiv richtig anzuwenden, um sich verständlich oder beifällig auszudrücken, in der That mit seinem Sprachgefühle sich begnügen kann. Im ersten Falle hilft weder vieles Lesen noch Hören der fremden Sprache, da es nicht jedem gegeben ist, versteckte Motive des Sprachgebrauches aufzufinden und hinter stilistische Absichten und Freiheiten des Ausdruckes, die die Seele des Sprechenden abspiegeln sollen, zu kommen. Hier muß die richtig gefaßte Sprachregel helfen, die mit Unrecht gelegentlich verachtet und einer mangelhaften grammatischen Regel gleichgestellt wird. Sie stellt ja lediglich den kürzesten Weg dar, auf dem zur Einsicht über eine Summe gleichartiger Ausdrucksformen zu gelangen ist. Verachtet wird die Sprachregel der Grammatik auch meist nur deshalb, weil sie nicht von Ausnahmen gesäubert zu werden pflegt, weil sie oberflächlich gefaßt ist, weil in syntaktischen Dingen selten das Wesen der Sache bisher zu ergründen versucht wurde und roher Empirie überlassen blieb, die verschiedenen Fälle zu sammeln, zu ordnen und verständlich zu machen. Kein Zweifel, daß, wenn es gelingt, umfassende Gegenstände der französischen Satzlehre in bündige Regeln zusammenzufassen, dem Unterrichte im Französischen außerhalb Frankreichs ein erheblicher Vorschub geleistet sein wird.

Aber auch wer des Französischen vollkommen mächtig ist, aber Einsicht in die Grundsätze und Motive des französischen sprachlichen Ausdruckes zu gewinnen sucht, wird von der Einfachheit eines Prinzips für die so verwickelte Frage der Abjektivstellung befriedigt sich erkennen. Denn er erkennt, daß, wo er in seiner Muttersprache lediglich auf dem Wege einheimischer Reproduktion der in seinem Gedächtnis abgelagerten Ausdrucksformen dazu gelangt, sich sprachüblich auszudrücken, die tiefere Logik eines alltäglich gefestigten Sprachgebrauchs wirksam sich erweist, die zum Bewußtsein gebracht werden kann. Und wer das Altfranzösische als eine Sprache denkender Leute betrachtet und nicht mit der aus sprachgeschichtlicher Unkenntnis hervorgehenden Vorstellung von willkürlicher

Anwendung von Ausdrucksweisen in einer Sprache an das Altfranzösische herantritt, wird vorauszusetzen geneigt sein, daß es in der Abjektivstellung gleichfalls nach Normen verfahren sei, die aufzusuchen schon um des genaueren Verständnisses des neufranzösischen Ausdruckes willen (man denke z. B. an archaistische Wendungen im Neufranzösischen) von Wert sein kann und von Wert sein muß für ein tieferes Verständnis der veralteten Sprache.

IV.

Stellung des Abjektivs im Altfranzösischen.

(Prosa und Dichtung des XII. bis XIV. Jahrhunderts.)

Es wird im Folgenden nun unsere Aufgabe sein, an der Hand des festgestellten neufranzösischen Gebrauchs Einblick in die Abjektivstellung im Altfranzösischen zu gewinnen. Dabei kann jedoch nicht ein beliebiges Sprachdenkmal herangezogen werden, weil es sich, wie gezeigt, hier zugleich um stilistische Dinge handelt, bei denen der Absicht des Redenden und der Stilart Rechnung getragen werden muß. Es sind daher Texte verschiedener Art heranzuziehen: vom Lateinischen unabhängige Prosaschriften, Übersetzungswerke und Dichtungen. Wir beginnen daher unsere Forschung mit dem ältesten Prosaiker Villehardouin und seinem Fortsetzer Henri de Valenciennes, und schließen daran, was sich in den übrigen geschichtlichen Prosaikern des XIII. Jahrhunderts darbietet, in Villehardouins Zeitgenossen Robert de Clary, in dem Recit d'un Ménestrel de Reims, aus der Mitte des XIII. Jahrhunderts, in dem Historiker Joinville, welcher etwa achtzig Jahre nach Villehardouin schrieb. Darauf sind einige der bisher noch nicht berücksichtigten Übersetzungstexte des XII. Jahrhunderts in Betracht zu ziehen: Les Quatre livres des Rois und Les dialogues de Saint-Grégoire. Wir schließen mit der Dichtung des Adenès li Rois: Roman de Berthe aux grands pieds.

Es handelt sich bei den Übersetzungstexten darum, zu konstatieren ob und in wie weit der lateinische Text jene Übersetzungen beeinflußt hat, und welchen Einfluß wir in der Dichtung dem Rhythmus oder dem Reime zuzuschreiben berechtigt sind. Es sollen zunächst Belege gegeben werden, bei denen auf den ersten Blick die neufranzösische Regel sich wirksam zeigt und eine besondere Interpretation der Stellen nicht erforderlich ist, um die mit der Ausdrucksweise eines Schriftstellers verbundene Absicht zu erkennen. In einem zweiten Paragraphen wird sich bei der Prüfung der in den verschiedenen Einzelabhanblungen vorgetragenen Anfichten herausftellen, baß bie barin angeführten Belege fich unferen Beftimmungen anpaffen. Ein weiterer Paragraph hat bann ber Jnterpretation bebürftige Fälle ins Auge zu faffen, um etwaige Abweichungen von ben neufranzöfifchen Regeln zu ermitteln. Daran fchließt fich eine Prüfung ber in anberen Unterfuchungen über bas altfranzöfifche Abjektiv angeführten Stellen, in benen folche Abweichungen von neu-franzöfifcher Ausbrucksweife angeblich vorliegen. Jn einem weiteren Abfchnitt fprechen wir von ber Stellung mehrerer auf ein Subftantiv fich beziehenben Abjektive; enblich von ber Stellung ber burch ein Abverb beftimmten Abjektive. Darauf mögen noch einige Erwägungen über ben Zufammenhang ber franzöfifchen unb lateinifchen Abjektivftellung folgen.

Es werben bemgemäß im Nachftehenben folgenbe Texte (in ben hier citierten Aus-gaben) Berückfichtigung finben:

1. Serments de Strasbourg, Chant sur sainte Eulalie, Fragment de Valenciennes, Vie de saint Léger, alle vier nach: Les plus anciens monuments de la langue française, von Kofchwitz. Heilbronn 1879.

2. La chanson de Roland par L. Gautier. Tours 1872. (Eichelmann citiert nach Stengel, Heilbronn 1878; Morf nach Müller 1878.)

3. Li Dialoge Gregoire lo pape, edd. Foerfter. Halle 1876.

4. Les Quatre Livres des Rois, edd. Le Roux de Lincy. Paris 1841.

5. Crestien de Troyes: Li Romans dou Chevalier au Lyon, edd. V.-L. Holland. Hannover 1862.

6. Aucassin et Nicolete, edd. Suchier. Paberborn 1881.

7. Amis et Amile, edd. Hofmann.

8. Li contes dou Roi Flore et de la Bielle Johane, in: Nouvelles Françoises en prose du XIIIᵉ siècle, p. p. Molland et C. d'Héricault. Paris 1856.

9. Überfetzung ber Prebigten von Saint-Bernard, edd. Foerfter, Romanifche Forfchungen von Bollmöller. B. II.

10. Villehardouin: La conquête de Constantinople.

11. Henri de Valenciennes: Histoire de l'empereur Henri. Beibe in: La con-quête de Constantinople, par Geoffroi de Villehardouin avec la continuation de Henri de Valenciennes, p. p. Natalis de Wailly. Paris 1879.

12. Robert de Clary: La prise de Constantinople, in: Chroniques Gréco-Romanes, p. p. Charles Hopf. Berlin 1873.

13. Récits d'un ménestrel de Reims, p. p. Natalis de Wailly. Paris 1876. (Publ. pour la Soc. de l'hist. de France.)

14. Li Roumans de Berte aus Grans Piés, von Adenès li Rois; edd. Aug. Scheler. Brüffel 1874.

15. Joinville, p. p. de Wailly. Paris 1874. (Marx citiert nach: Œuvres de Joinville, l'histoire de saint Louis. Paris 1876.)

16. Chronique de Froissart, publiée pour la Société de l'histoire de France, par Siméon Luce. Paris 1869. (Wagner citiert nach: Œuvres de Froissart, publiées par M. le baron Xervyn de Lettenhove. Les chroniques, t. II—VI.)

17. Alain Chartier, ältester Druck von 1470—1480.

18. Joannis Gersonii opera omnia, edd. M. Ellies du Pin. Haag 1798.

19. Rabelais, Œuvres, edd. Bourgaud de Marels et Rathery. Paris 1877.

20. Marguerite d'Angoulême, Heptaméron, edd. Le Roux de Lincy. Paris 1853/54.

21. Satyre Ménippée, edd. Josef Frank. Oppeln 1884.

22. Blaise de Monluc, edd. Ruble. Paris 1864.

23. Brantôme, edd. Salonne. Paris 1864.

24. Les œuvres de Mr de Voiture. Brüssel 1656.

Abkürzungen:

A. N.	=	Aucassin et Nicolete.
A. A.	=	Amis et Amile.
Brant.	=	Brantôme.
Chart.	=	Alain Chartier.
Chret.	=	Chretien de Troyes.
D. G.	=	Dialoge Gregoire lo pape.
F. J.	=	Roi Flore et la Bielle Johane.
Froiss.	=	Froissart.
H. de Val.	=	Henri de Valenciennes.
Hept.	=	Heptaméron.
Join.	=	Joinville.
Monl.	=	Monluc.
Men.	=	Satyre Ménippée.
Rab.	=	Rabelais.
4 Rois.	=	Quatre livres des Rois.
Rol.	=	Chanson de Roland.
S. B.	=	S. Bernard.
Voit.	=	Voiture.

§ 1.

Belege, bei denen auf den erften Blick die neufranzöfifche Regel fich wirkfam zeigt.

A. Villehardouin.

Fall a.*

3. Tibauz ere jones hom; — 5. maintes autres bones gens; — 14. trover plus grant plenté de vaisiaı; — 29. que la meillor genz del monde ont guerpi tote l'autre gent; — 60. descorde de la graindre partie des barons; — 67. car viels hom ere; — 117. sanz mal engin; — 128. cum il virent ces halz murs . . . et ces haltes yglises; — 130. vos avez le plus grant afaire et le plus perillos entrepris; — 179. et venoient le petit pas tuit ordené; — 196. se par le comun esgard de l'ost non; — 222. si orrible traïsons; — 278. halas! con malvais conseil orent; — 329. qui de lonc tens iert abatue; — 361. com dolereuse perte fu là faite.

Fall c.

1. Ot un saint hom en France; — 4. dui mult halt baron; — 11. et donroient plain pooir à aus; — 101. maint s'en emblerent de menues genz; — 128. et ces riches tours . . . et ces riches palais; — 164. et bien fu fiere chose; — 173. estrange proesce; — 193. que li novians empererre seroit encoronez; — 195. si cort terme; — 218. par vive force; — 295. assez i ot grosses paroles dites.

Fall α.

3. Le roi de France et si cousin germain; — 27. que vous ariez pitié de la Terre sainte d'outre-mer; — 54. qui ere hom liges au conte Baudoin; — 130. si nos alons à la terre ferme; — 146. véez ici vostre seignor naturel; — 165. et de char fresche nulle chose; — 193. les empereors grex; — 194. nul home chrestien; — 222. Morchufiés chauça les hueses vermoilles; — 245. avoit langui tot l'iver d'une fievre quartaine; — 452. et i sordoient li baing chaut li plus bel de tot le monde; — 344. à neuf liues françoises près d'Andrenople; — 320. un lac d'aigue dolce; — 156. un poi après le soleil levant.

Fall δ.

350. li mardis de Pasque florie; — 228. et dut estre pris ses cors domaines.**

---

* Die Beifpiele find nach ben auf Seite 20 angegebenen Kategorien geordnet.

** = pris en personne.

Beim ersten Anblick ist ersichtlich, daß das Adjektiv in allen diesen Beispielen die Stelle einnimmt, die es auch nach den Principien des Neufranzösischen einnehmen soll. Und zwar stehen die Adjektive bon, grand, petit, beau, haut, mauvais, gros, riche voran, sowie auch andere Adjektive, an die der Affekt des Redenden sich knüpfen kann, z. B. étrange prouesse, vive force, horrible trahison, saint homme, plain pouvoir, etc.

Dagegen stehen nach dem Substantiv auch nur diejenigen Adjektive, welche die Farbe, die Nationalität oder sonstige distinguierende Eigenschaften bezeichnen, wie z. B. chair fraîche, bain chaud, empereur grec, terre ferme, cousin germain, bottes vermeilles, etc.

B. Robert de Clary.

Die « Prise de Constantinople » von Robert de Clary und diejenige von Ville-hardouin sind ungefähr um dieselbe Zeit geschrieben worden. In Roberts ganzem Werke ist, außer den drei von Raumair angeführten Fällen, kein einziges Beispiel zu finden, an dem man nicht sofort die Übereinstimmung mit dem modernen Sprachgebrauch consta-tieren könnte.

Fall a.

I. boins clers; li biax chevaliers; — III. moult grand feste; — V. des plus sages chevaliers; — XIII. le plus belle cose; des nouveles viandes; — XXIV. une fine mervelle; — XXXIII. avons nous raisonauvle acoison; — XXXIX. il i metoit gregneur paine, et gregneur consel.

Fall c.

VII. le plus rike navie; — XVII. a moult rike terre; — XXII. en moult poure robe, et en moult poure vesteure; — XXIII. une fause posterne; — XXX. la plus orde beste; — XXV. de la pure honte; — XLVI. la menue gent.

Fall α.

XXV. tous ses draps empériaus; — XLI. et asses gent armée.

C. Chronique de Reims.

Alle Beispiele der dreizehn ersten Kapitel dieser Chronik sprechen zu Gunsten der oben für das Neufranzösische aufgestellten Principien; drei Beispiele nur bedürfen einer besondern Erklärung.

Fall a.

I, 3. petit esciantre; — I, 4. granz descorz; — II, 6. male femme; — II, 7. la plus gentis dame; — IV, 19. li desloiaus rois Henriz; — IV, 20. et un fil biau bacheler; — IV, 23. de haute eure; — VII, 47. bons chevaliers; — VIII, 53. li plus biau lieu; — VIII, 54. grosses pierres; — IX, 63. mauvais raitres; — XI, 76. riche osteil; — XII, 77. vraies nouveles; — XII, 78. gentis hons et granz sires; — XIII, 89. un chevalier sage homme.

Fall c.

IV, 17. Henri au court mantel *; — VI, 33. morteil traïson; — XIII, 88. à briez jourz.**

Fall α.

II, 10. une pomme pourrie; — III, 13. suer germaine; — IV, 25. chambres courtoises; — VIII, 52. en prison perpetueil; — VIII, 53. feu grejois; — VIII, 55. une espie latimiere; — XIII, 82. robe nueve; — XIII, 98. bons martiaus picois.

Fall δ.

VI, 37. de celle traïson morteil; — XIII, 103. les gens esbaïs.

D. Joinville.

Die Abjektive grand, bon, beau, cher, petit, mauvais, saint, riche, gros, vilain, vaillant stehen bei Joinville immer voran. Es wäre wohl überflüssig diese Beispiele anzuführen. Folgende enthalten andere Abjektive, die ebenfalls affektisch gebraucht sind.

Fall a.

50. ceste mortel vie. — 69. vrai croisié. — 78. un commun acort.*** — 90. uns povres chevaliers. — 91. li larges cuens. — 137. uns forz venz. — 144. au nouvel temps.**** — 171. li communs peuples.***** — 171. aus foles femmes. — 253. aucuns desloians crestiens. — 291. une vieille heuse. — 341. li plus griez tourmens. — — 367. li plus fermes crestiens. — 369. un des miex entechiez chevaliers.

Fall c.

24. des dures paroles. — 26. le soutil senz. — 128. une fiere merveille.

In den Beispielen 26, 50, 137, 144 würde vielleicht das Abjektiv im Neufranzösischen eher nachstehen; allein die Absicht des Redenden durch die Voranstellung eine

---

* court in Bezug auf die Gestalt des Trägers.
** = après peu de jours.
*** = gemeinsam (mit dem Beifall des Erzählers).
**** = Frühjahr.
***** verächtlich.

subjektive Wertschätzung auszudrücken, ist darin leicht zu erkennen. Zwischen « cette mortelle vie » und « cette vie mortelle » ist ein Unterschied fühlbar, der kenntlich wird, wenn wir einerseits « cette mortelle vie », andererseits « cette vie qui est mortelle » sagen.

Joinville stellt dagegen ebenfalls hinter das Substantiv diejenigen Abjektive, die ihrem Sinne nach geeignet sind, eine Artung, eine Unterscheidung zu bezeichnen; so die Abjektive, welche die Farbe, die äußere Gestalt, die Nationalität, die Konfession, die Verwandtschaft oder den Orden angeben:

Fall α.

1. comte palazin. — 53. la loy crestienne. — 60. un mantel de cendal noir. — 65. cousin germain. — 668. home estrange. — 12 γ. une montaigne toute ronde. — 134. de bone escarlate finne. — 134. dous freres preescheours. — 147. en autres terres etranges. — 189. le bois sec. — 203. le feu gregoiz. — 229. un mien roncin flamant. — 148. cors sarrazinnois. — 373. la loys paiennime. — 28. li pechiés mortex. — 49. nulle riens terrienne. — 55. des princes mescréans. — 116. les rues forainnes. — 161. a nostre main destre. — 163. par coulons messagiers. — 190. diverses bestes sauvaiges. — 199. gens anciennes.

Fall γ.

60. un chapel de paon blanc.

Fall δ.

37. grand mal apert. — 95. de ces moinnes blans.

Die Participien stehen bei Joinville immer hinter dem Substantiv, wie dies im Neufranzösischen der Fall ist:

Fall α.

25. les cotes brodées; — 189. lour roys desliées; — 190. un grant tertre de roches tailliés; — 219. quatorze vins homes armés; — 223. une maison deffaite; — 228. sur un chemin levei; — 228. un heaume dorei; — 291. les gens mors; — 301. les chars salées; — 303. tant de char morte; — 345. de toile tainte; — 391. de toile escrue.

Ebenso das Participium præsentis:

Fall α.

243. au soleil couchant; — 269. le feu ardant.

Bei allen diesen historischen Schriftstellern ist die Zahl der vorangestellten Adjektive fast um ein Drittel größer, als die Zahl der nachgestellten. Dies ist wohl erklärlich: Der Stil dieser Historiker des Mittelalters ist nicht ein lehrhafter Stil; ihre Schreibart ist das Bild der gewöhnlichen Unterhaltungssprache, die mit Affekt erzählt und auf Teilnahme rechnet. Bei Joinville bemerkt man aber sofort einen Fortschritt in der Ausbildung des Stils im Vergleich mit Villehardouin oder Robert de Clary darin, daß der Satz schon beträchtlich erweitert ist, daß sich allmählig kleine Perioden bilden, so daß der Stil nicht mehr so zerhackt und zerstückelt ist, wie zuvor. Der Erzähler denkt nicht mehr nur an Zuhörer, sondern an Leser.

Auch findet man bei Joinville bereits zweimal so viele attributive Adjektive als bei Villehardouin, und während bei letzterem Beispiele, in denen zwei oder mehrere Adjektive zu einem Substantiv gehören, selten sind, findet sich dieser Fall bei Joinville ziemlich oft vor.

E. Quatre Livres des Rois.

Der Übersetzer der vier Bücher der Könige ist dem lateinischen Text nicht getreu gefolgt; er hat in seine Übersetzung mehrere Bemerkungen der Kirchenväter, und auch Bemerkungen, die von ihm selbst oder aus unbekannter Quelle herrühren, eingemischt. Es kommen jedoch alle Substantive, die im Lateinischen mit einem Attribut verbunden sind, auch im Französischen mit demselben Adjektiv vor; nur das Wort «chose» mit seinem Attribut entspricht oft einem lateinischen Adjektiv, welches im neutrum pluralis steht. Die Anzahl der vorangestellten und der nachgestellten Adjektive ist ungefähr dieselbe.

In folgenden Beispielen ist die Anwendung der für das Neufranzösische geltenden Regeln ersichtlich, obschon das Lateinische bisweilen die entgegengesetzte Stellung aufweist. Der Übersetzer wendet also französische Redeweise an, wie er sich auch sonst im Ausdruck vom lateinischen Texte unabhängig macht.

Die Adjektive bon, beau, haut, grand, petit, fort, fier, mauvais u. a. m. stehen vor:

Fall a.

1.* en l'antif pople Deu; — 3. la bonurée Anna; — 5. un bel présent de flur; — 13. sud sedeil prophète Deu; — 15. seiez forz champiuns; — 21. La fière venjance Deu; — 24. leur sals deus; — 30. le saint hume Deu; — 33. real sacrement; — 36. cele male nuvele; — 64. cest ord paltunier; — 66. vint vers David petit pas; — 66. ses demeines vestemenz; — 72. povres huem sui e de fieble afaire; — 81. e uns petiz garçunchels.

* Die Ziffern geben die Seite an.

Fall b.

42. en estreit puint.

Fall c.

3. chaldes lermes; — 8. Hély esteit lores de grant eded; — 19. estrange pestilence; — 15. Ces halz Deus; — 20. des maistres citez.

In folgenden Beispielen besteht die Absicht zu unterscheiden:

Fall α.

2. maistre principals; — 3. sire merciable; — 8. De vesture lunge fud aturnez; — 10. pruveire fedeil; — 10. hoem antif (lat. senex); — 19. Un cri merveillus*; — 21. un char nuvel; — 24. les deus estranges; — 31. le mès réal; — 34. cest respit comunals** (lat. proverbium); — 44. nuls fevres forjanz (lat. faber ferrarius); — 79. al jur uverable; — 95. un enemi mortel (lat. inimicum suum); — 105. à deus avuiltres servir (lat. diis alienis).

Ebenso in folgenden Beispielen, in welchen ein Particip an zweiter Stelle steht:

Fall α.

2. icest lieu seintefied; — 2. pruveire atitelé; — 2. le fruit désired; — 3. sire deus puissanz des hoz; — 3. des champiuns cumbatanz; — 18. truncs décolpez e desmembrez; — 25. un aignel laitant; — 85. cest hum forsened; — 70. oum huem forsenez; — 93. la Pierre departante (lat. petram dividentem); — 98. cent liaz de grapes secchiés.

Fall δ.

2. as juis asis par la lei establiez; — 92. uns messages batanz.

F. Dialogues de S. Grégoire.

Diese Übersetzung ist wortgetreu. Die vorangestellten Abjektive sind fast doppelt so zahlreich als die nachgestellten, während in den vier Büchern der Könige ebensoviel Abjektive vor= als nachstehen. Dieser Unterschied ist wiederum im Einklang mit dem Stil der Dialoge, die in viel höherem Grade rhetorisch gefärbt sind, als die vier Bücher der Könige. In den 30 ersten Dialogen kommen 100 verschiedene Abjektive vor, die voranstehen, und nur 40 die nachstehen. Von den 100 Abjektiven, die im Französischen voranstehen, stehen im Lateinischen etwa 14 nach, und von den 40 Abjektiven, die nachstehen im Französischen,

---

* Dagegen S. 15, un merveillus cri, que tute la terre rebundi.
** Vgl. S. 95, si cume l'um dit en l'ancien respit (lat. in proverbio antiquo).

— 43 —

ſtehen im Lateiniſchen etwa 16 voran. Das Verhältnis zwiſchen Voran- und Nachſtellung iſt alſo ungefähr dasſelbe in den zwei Sprachen, und, wie wir eben geſehen, nehmen auf 140 Beiſpiele nur etwa 30 im Franzöſiſchen eine andere Stellung ein als im Lateiniſchen. Alle anderen ſtimmen in ihrer Stellung in beiden Sprachen völlig überein. Hieraus dürfen wir nicht ſchließen, daß dieſelben Stellungsprinzipien für beide Sprachen gelten, aber auf die Möglichkeit einer ſolchen Übereinſtimmung dürfen wir hinweiſen.

Wenn nun der Überſetzer in einigen Fällen das Bedürfnis gefühlt hat, dem Abjektiv im Franzöſiſchen eine andere Stellung zu geben als im Lateiniſchen, ſo läßt ſich dies aus dem Umſtand erklären, daß der lateiniſche Text viel mehr rhetoriſche Figuren enthält, als der franzöſiſche. Es iſt dies die Urſache, warum im lateiniſchen Texte wohl dreimal ſoviel Abjektive voranſtehen als nachſtehen, ſelbſt wenn man jedes verſchiedene Abjektiv nur einmal zählt; wollte man die Geſammtzahl der Fälle zählen, ſo würde das Abjektiv wohl fünf- bis ſechsmal häufiger voranſtehen als nach. Der Überſetzer konnte ſeiner Vorlage nicht immer folgen; er wäre bisweilen unverſtändlich geworden; der lateiniſche Stil war ihm zu emphatiſch, zu maleriſch, er mußte mildern und deshalb öfters das Abjektiv nachſtellen, was er überall thun konnte, wo es ſich um objektive Sachangabe handelte. Trotzdem iſt es möglich, daß er ſich in anderen Fällen dem lateiniſchen Text gegenüber noch zu ſklaviſch verhalten hat.

In folgenden Beiſpielen hat der Überſetzer dem Abjektiv die Stellung angewieſen, die dem modernen Sprachgebrauch des Franzöſiſchen entſpricht, obſchon er im lateiniſchen Texte die entgegengeſetzte Stellung vorfand. Es beweiſt dies, wie ſehr er unwillkürlich die Notwendigkeit fühlte, ſich nach den für das Franzöſiſche geltenden Regeln zu richten. Abjektive, welche die Nationalität, eine beſondere Art des Seins oder einen beſonderen Orden ausdrücken, ſtehen nach, obſchon in den lateiniſchen Beiſpielen das Attribut vorangeht:

Fall α.

20,16 li ueskes de la glise ·Réatine (*Reatinae antistes ecclesiae*); — 21,19 la glise Sabinense (*Sabinensi ecclesiae*); — 28,2 de cele meisme glise Anchonitane (*ejusdem quoque Anconitanae antistes ecclesiae*); — 29,3 lo borc Nepesine (*iuxta Nepesinam urbem*); — 22,1 un seriant molt orgailhous et enfleit (*Julianus superbum valde atque contumacem puerum habuit*); — 12,23 il ne soccurroit à la femme ueueie (*ne orbatae mulieri non subueniret*); — 19,7 par ars enchanteresses (*magicis artibus*); — 22,19 chalciez d'unes chalces fereies (*uir clauatis calceatus caligis*); — 22,19 aportanz une faz fainerece (*falcem faenariam deferens*); — 28,10 cascuns lius plus prochiens a so (*cumque propinquiora sibi quaeque loca ignis inuaderet*).

Fall δ.

6,1 soffret il les negoeces des hommes seculeirs *(saecularium hominum negotia patitur)*; — 21,13 li uigors ecclesiauz *(ut quis sit ecclesiasticus uigor agnoscat)*; — 21,9 de cest sege apostolal *(clerici hujus apostolicae sedis)*.

Ebenſo ſtehen folgende Participien im Gegenſatz zum Lateiniſchen hinter dem Subſtantiv:

Fall α.

13,4 lo rendit a la mere plorant *(flenti matri uiuentem reddidit)*; — 16,3 li serpenz tenduz *(tensus serpens claussiset uiam)*; — 28,13 uint li ueskes ameneiz entre mains *(deductus in manibus venit episcopus)*.

Fall δ.

13,10 lo piz del corselet estint *(in pectore extincti corpusculi)*. *

Abjeltive, die affeltiſch oder wertend gebraucht ſind, ſtehen in folgenden Beiſpielen vor, obſchon das Attribut in den entſprechenden Beiſpielen des lateiniſchen Textes nachſteht:

Fall a.

7,24 honorables barons *(uirorum uenerabilium)*; — 8,9 mult honorables uielhars *(seniorum valde uenerabilium)*; — 10,20 li tres redotables beirs Libertins *(vir reuerentissimus Libertinus)*; — 11,10 par enhel curs *(cursu autem rapido)*; — 19,6 souentes foiz *(frequenter)*; — 27,8 la vilaine pense *(in mente etenim rustica)*; 28,11 nient petite partie *(urbis partem non modicam)*.

Fall c.

23,5 la souraine grasce *(gratia superna)*.

Es befinden ſich auf dieſen hundert erſten Seiten der Dialoge wohl noch 50 andere Beiſpiele, in denen affeltiſch angewandte Abjeltive dem Subſtantiv vorangehen, allein wir konnten uns damit begnügen, diejenigen Attribute anzugeben, welche im Franzöſiſchen eine andere Stellung einnehmen, als im Lateiniſchen, da ihre Beweiskraft eine weit größere iſt.

---

* In folgenden Beiſpielen ſteht das nomen appositum hinter dem näher zu beſtimmenden Subſtantiv, während es im Lateiniſchen vorſteht:

29,6 el mont Soractis *(in Soractis monte)*; — 10,18 disciple alwor de soi *(aliquem sui imitatorem discipulum)*; — 21,11 de nostre sanior l'apostolle *(officium apostoli nostri domini)*.

G. Sermons de S. Bernard.

Le Roux de Lincy hat mit ben vier Büchern ber Könige auch einige Prebigten bes hl. Bernharbs veröffentlicht. Le Roux de Lincy unb Foerfter (Borbemerkungen ju feiner Ausgabe ber «Dialoge Gregoire». Halle 1876) fetzen biefe Überfetzung in bie erfte Hälfte bes XIII. Jahrhunberts. Wir citieren nach Foerfters neuer Ausgabe (Rom. Forfchungen von Bollmöller, Bb. II).

Die Fälle ber Voranftellung finb hier wohl boppelt fo zahlreich, als bie Fälle ber Nachftellung, was ebenfalls baburch fich erklärt, baß ber Stil biefer Prebigten pathetifch unb getragen ift.

Jn ber Prebigt XIII, De la nativiteit nostre signor (Bollmöller S. 58; Bb. II, S. 30 bes lateinifchen Textes. Paris 1767) ftimmen folgenbe Beifpiele völlig mit bem mobernen Sprachgebrauch überein:

Fall a.

58,11 en une très petite mainiure; — 58,20 cist si precious examples; — 59,30 sa meire at liieit ses tenres menbres de dras; — 5,18 tu presisses la royal corone; — 59,37 en sa propre parsonne; — 60,25 li saiges hom; — 60,39 les noueles planteaons *; — 61,8 lo tres deleitaule paradis; — 62,14 soscorrue par assiduels arrosemenz; — 62,16 cele horrible maldizons; — 62,19 li fontaine de la cusenceuaule chariteit; — 60,15 ne fut mies toteuoies petite chose; — 60,29 selonc la diffinicion saint Jaicke; — 60,41 la semence de bones oyures; — 58,27 la diuine maiesteiz.

Fall c.

58,6 mais li bries iors nos destrent; — 58,7 si nos brief parole faisons; — 58,9 longe parole.

Fall b.

61,23 les feruenz auues d'amour.

Fall α.

61,10 ke li paradiz terrestres nos soit lo parax renduz; — 61,12 les choses terriennes; — 61,14 des choses presentaules.

Fall β.

58,8 li peires fist parole abreuieie **; — 62,25 il at soif de deu qui est fontaine uiue.

---

* Jm Sinne von „frifch gepflanzt".
** S. v. a. „kurze Rebe".

Ebenso verhalten sich die Beispiele in der Predigt I (Vollmöller Bb. II, S. 1; Bb. II, S. 1 des lateinischen Textes):

Fall a.

2,17 la sainte triniteit; — 2,19 cum couenaule chose soit; — 4,19 Il vient del souerain ciel, ens basses parties de la terre; — 5,6 une meruillouse humiliteiz; — 5,33 li benignes salueires; — 5,35 cel tres glorious cors; — 6,9 por la grant duresce et la grant obstination des hommes; — 6,13 dous uint ... la parole des royals sieges; — 6,19 li temporels paiz; — 7,9 cele meruillouse uisions; — 7,28 doit bien avoir son propre sermon.

Fall c.

1,4 li chailif fil d'Adam; — 2,17 lo tres haltisme consoil; — 6,33 encontre si halt meye ki a luy uient; — 7,26 de si halt sacrement.

Fall d.

6,11 les choses tenoyent la moyenne silence.*

Fall α.

2,27 les engeles orguillous; — 1,6 les choses defaillans et trespessaules; — 6,16 li habondance des choses temporels auoit ameneit l'obliement et la besoigne des permenanz; — 7,13 sire toz poixans; — 7,1 car ses uoies sunt uoies beles et totes ses sentes paisiules.

In dem letzten Beispiel ist das Adjektiv «beau», welches der Wertbezeichnung wegen gewöhnlich vorangeht, nachgestellt, weil es, wie leicht einzusehen, hier distinguierend gebraucht wird. Der Schreibende will hervorheben, daß die Wege, die er hier meint, schöne sind und friedfertige, während vielleicht andere Wege schön zu sein scheinen, die es in Wirklichkeit nicht sind.

H. Roman de Berthe aux grands pieds.

Die ungebundene Rede mußte zunächst in unserer Untersuchung berücksichtigt werden, um Gesichtspunkte für die gereimte zu gewinnen, in der ja möglicherweise der Reim und der Rhythmus auf die Stellung der Attributive Einfluß ausüben könnten. Der «Roman de Berthe aux grands pieds» von Adenès li Rois eignet sich für unsere Untersuchung besser als manche andere altfranzösische Dichtung, da wir es hier mit einem gut überlieferten und von einem einzigen und geschickten Dichter herrührenden Werke zu thun haben.

---

* = medium silentium = Ruhe der Mitternacht.

An faſt ſämmtlichen Beiſpielen bieſer Dichtung erkennt man ſofort bie Übereinſtimmung mit bem mobernen Sprachgebrauch:

Fall a.

7. Saint Denis; — 16. la vraie estoire; — 23. moult grand seignorie; — 24. de grand estoutie; — 31. bon ami; — 40. de bone vie; — 45. plus hardie chose; — 116. Mainte diverse gent; — 145. qui est vrais gouvernere; — 152. o le cler vis; — 234. un très riche chastel; — 239. grant hardement; — 240. de bon escient; — 258. bele dame et de jœne jouvent; — 260. nul lonc acontement; — 275. à droite vente; — 279. longue atente; — 339. la male chamberiere; — 242. la male mors; — 374. le cler sanc; — 433. pour sainte charité; — 458. la mauvaise vielle; — 473. pute vielle prouvée; — 479. preude femme; — 505. laide chiere; — 556. souverains pere; — 579. cinq grandes journées; — 593. d'un blanc bliaut; — 644. gentill fenme et sans nul mauvaise art; — 652. ses saintismes nons; — 739. un petit pale.

Fall b.

69. le froit acier.

Fall c.

18. mainte grosse paine; — 74. Biaus très dous fils; — 87. conme droit hoir de France; — 215. douce mere; — 278. la maistre tente; — 560. ma douce chiere mere; — 607. moult lait tans et de froide maniere; — 630. par sa douce amistié; — 681. a la fausse roÿne.

Fall d.

50. de plus crueux beste; — 75. si hideuse beste; — 576. felon pautonnier.

Fall α.

8. a un moine courtois; — 13. apprentic jougleour et escrivain mari; — 32. une gent maleÿe; — 37. en sa sale voutie; — 86. la roÿne au vis cler*; — 178. son pere au cuer vrai; — 197. un palefroi bai; — 212. gent letrée; — 221. sor un drap noir; — 338. la dame droituriere; — 460. par la Virge honnorée; — 725. grand duel coral; — 727. traÿson cruaI; — 729. lignage roiaI; — 731. nule beste mortal; — 741. un poi pesans et sale.

Fall γ.

723. le pere esperital.

Fall δ.

288. l'orte vielle pullente; — 684. à nos brans esmolus.

---

* Bgl. 152. le cler vis, weil affektiſch.

Diese Belege genügen, um zu beweisen, daß für Adenès li Roi bei der Stellung der Abjektive dieselben Bestimmungen entscheidend waren, die es heute noch sind. Wenn daher in anderen Dichtungen, wie z. B. in der von Morf untersuchten Chanson de Roland, wirklich Wendungen vorkommen sollten, die dem bei Adenès befolgten Gebrauche widersprechen, so wird die Ursache in dem Umstande zu suchen sein, daß diese Dichtungen von ungeschickten Dichtern überarbeitet und gedankenlos erweitert worden sind, wobei Wendungen und Ausdrücke der Vorlage entweder unrichtig aufgefaßt oder unrichtig nachgeahmt wurden. Solche Nachdichter haben auch wohl, um den gewünschten Reim herzustellen, gegen den bezweckten Ausdruck verstoßen.

Alles dies ist von der Dichtung des Adenès li Roi ausgeschlossen, und es kann nur hierin die Ursache seiner Regelrechtigkeit in Hinsicht auf die Stellung des Abjektivs, anderen Dichtern gegenüber, liegen.

§ 2.

Prüfung der in den verschiedenen Einzelabhandlungen über die altfranzösische Adjektivstellung vorgetragenen Ansichten.

Bei dieser Prüfung wird sich herausstellen, daß fast alle Beispiele, die angeführt werden, wie auch immer ihre Deutung ausgefallen sei, sich unseren Bestimmungen anpassen. Die verhältnismäßig geringe Anzahl von Fällen, welche in diesen Untersuchungen als Ausnahme behandelt werden, finden weiter unten in einem andern Paragraphen ihre Erledigung. Wir beginnen mit der ältesten dieser Dissertationen, und lassen die anderen in chronologischer Ordnung folgen.

Le Coultre begnügte sich damit zu bemerken, daß der Text von Chrestien kein neues Licht auf die so schwierige Frage der Stellung des Abjektivs wirft, und daß Dichterwerke diese Regeln doch nicht streng anwenden. Wir haben bei der Besprechung des « Roman de Berthe aux grands pieds » gesehen, daß diese letzte Bemerkung keine allgemeine Gültigkeit beanspruchen kann. Weiter unten werden wir die drei Fälle, die Le Coultre als dem modernen Sprachgebrauch widersprechend anführt, näher zu besprechen haben; dort auch werden wir die Untersuchungen von Krüger und Morf besprechen, da dieselben sich darauf beschränken, Beispiele anzuführen, die sie mehr oder weniger als Ausnahmen betrachten.

Eichelmann citiert bereits nur aus der « Chanson de Roland » gezogene Beispiele, und erklärt in seiner Einleitung, daß er absichtlich nur solche Beispiele gewählt habe, in denen die Stellung des Abjektivs durch den Reim gesichert sei. Derartige Beispiele haben nun aber für unsere Frage so lange keinen Werth, als nicht dargethan ist, daß im Rolandslied Reim und Rhythmus Einfluß auf die Stellung der Wörter nicht ausgeübt haben. Unb gerabe bas Gegenteil läßt sich vermuten bei einer Dichtung wie bie « Chanson de Roland», bie nicht in allen ihren Teilen von bemselben Dichter herrührt unb in ihren Formeln eine hanbwerksmäßige Behanblung ber Sprache verrät. Eichelmann, welcher (S. 29) erklärt, baß „Abjektive, welche eine wesentliche, hervorragenbe Eigenschaft ausbrücken, vorstehen, stabile Epitheta bagegen nachstehen, versteht wohl unter „stabile Epitheta" Abjektive, bie nach unseren Bestimmungen nachstehen müssen, ba sie bem Substantiv als eine Art unterscheidenbes Merkmal beigefügt werben. So z. B. verte als stab. Epith. zu herbe (Rol. 2876, 2175, 671 u. s. w.); blanche als stab. Epith. zu barbe (Rol. 3618, 3712, 2334 u. s. w.); brun als stab. Epith. zu acer (Rol. 2089, 3603, 3926 u. s. w.); bazu dulce als stab. Epith. zu france (Rol. 2017, 2579 u. s. w.); woneben aber ganz gewöhnlich dulce France im Versinnern, z. B. 116, 573, 1054, steht.

Was Joinville betrifft, so stimmt Marx mit uns überein, wenn er sagt, baß alle Regeln, bie man im Neufranzösischen beobachtet, auch schon bei biesem Historiker in Anwendung kamen. Er finbet ferner, baß sich keinerlei Tenbenz, bas Abjektiv voranzustellen, fühlen läßt. Die Abjektive petit, grand, gros, fort, bon, fou, pauvre, riche, droit, jeune, sagt er weiter, stehen vor bem Substantiv, sowie im allgemeinen alle Abjektive, welche eine ästhetische Eigenschaft bezeichnen. Dagegen stehen hinter bem Substantiv Abjektive, welche bie Farbe, Zeit- ober Ortsverhältnisse, bie Verwanbtschaft ober Herkunft angeben, sowie auch bie Participien ber Gegenwart unb ber Vergangenheit.

Die Beispiele, bie Völcker anführt, zeigen, baß Attribute, bie rein objektive Merkmale ber Dinge bezeichnen, schon in ben ältesten französischen Denkmälern nachgestellt wurben:

Fall α.

Al. 91 a: carn tendra. — Eu. 7 b: nom christien. — Pa. 25 a: vin sanctificat. Go. 294: escu reond. — Eu. 4 b: manatce regiel (?). — Go. 252: flanc senestre.

Fall δ.

So. 238: genz averse. — Pa. 2 d: home carnals.

Dagegen stehen bie Abjektive sanz, clar, alienes, grans, bels, fols, mals, bons, veirs, mulz, peliz wie gewöhnlich vor bem Substantiv.

In ben „Straßgereiben" unb in bem « Fragment de Valenciennes » finbet sich kein nachgestelltes Abjektiv.

Ziemlich eingehenb hat sich mit ber vorliegenben Frage Schlickum befaßt, in ber oben citierten Arbeit über « Aucassin et Nicolete ». Wenn er nun finbet, baß bie Abjektive grand, haut, riche, pauvre, vieux, bon, beau, mal, doux, gentil, franc, unbebingt vor bem Substantiv stehen, so beckt sich bieses Resultat mit bem unserigen.

7

Ebenso wenn er die Abjektive marbrin, souterin, sauvage, mortel nach dem Substantiv findet. Wenn er dann weiter bemerkt, daß Abjektive, welche die Farbe, die Gestalt, den Geschmack u. s. w. angeben (cler, bis, vair, blanc, nu, blond, estrange), balb vor-, balb nachstehen, so erklärt sich dies nach ben oben aufgestellten Regeln, ba gerade diese Abjektive in der Poesie leicht auch affektisch gebraucht werden. Unb wenn enblich Schlicum findet, baß Abjektive, welche Eigenschaften bes Geistes bezeichnen, unb ebenso Abjektive, welche bas Maß angeben, vor bem Substantiv, die Participien bagegen nach bem Substantiv stehen, so stimmt er auch in dieser Beobachtung völlig mit uns überein. Im Übrigen ist seine Deutung der Fälle falsch.

Hoepfner bemerkt, baß bei Alain Chartier ungefähr 425 verschiedene Abjektive vorkommen, die von 1 bis 125 Mal gebraucht sind. „Da die Abjektive, die am meisten vorkommen (wie grand, haut, saint, etc.), immer vorangehen, so würde man," sagt er, „wenn man die ganze Summe der Fälle zusammenzählte, eine sehr große Mehrzahl von vorangestellten Abjektiven finden. Bergleicht man aber die Anzahl der immer voran-gestellten Abjektive mit der Zahl der immer nachgestellten, so ergibt sich ungefähr Zahlengleichheit: 160 Abjektive, die immer vorgestellt, 150 die immer nachgestellt sind. Die anderen stehen balb vor, balb nach." Da es sich hier um halb historische, halb philosophische Werke bes XV. Jahrhunderts handelt, so sind diese Zahlen ganz im Einklang mit dem, was bis jetzt von uns gesagt worden ist. Unb wenn Hoepfner hinzufügt, baß die Abjektive bon, beau, digne, grand, gros, petit, jeune, mauvais, vieux, vilain, long, court, pauvre, riche, saint, juste, haut, fou, clair, doux, vrai, droit, franc, tendre, benin, paisible, chevalereux, sot, droiturier, ignominieux, con-tagieux, obscure fast immer vorangehen, so verzeichnet er wiederum Abjektive, die einen moralischen oder ästhetischen Wert ausbrücken, unb also affektisch attribuiert werden. Sobalb sie nicht als wertende Ausbrücke gebraucht werden, stehen sie auch nach, z. B.:

Fall α.

h 2 a. des maladies contagieuses. — e 11 b. de ordonnance droituriere. — i 10 b. de la discipline cheualereuse.

Boran stehen dieselben brei Abjektive in ben Beispielen:

h 5 b. par cheualeureuse hardiesse. — g 6 b. auecques droicturiere justice. — i 5 b. la contagieuse infection; wo der Begriff bes Substantivs diese Stellung schon hinlänglich rechtfertigt.

Abjektive, die von Eigennamen herkommen, stehen hinter bem Substantiv:

Fall α.

g 8 a. le roy anglois. — c. 1 a. le peuple francoys. — f. 10 a. l'eglise grecque. — e 3 a. des femmes sarrasines. — h 12 b. de la chevalerie rommaine.

Sodann seien noch folgende aus leicht erkenntlichen Gründen nachgestellten Abjektive hervorgehoben:

Fall α.

a 16 a. son bras senestre. — I 8 a. son filz aisné. — I 5 a. frere germain du dit roy. — d 9 b. les enfans adoptifs. — g 12 b. vers son seigneur naturel. — b 1 a. du corps malade. — b 4 b. ung seul corps terrestre. — g 11 b. es bestes mues. — i 6 a. aux hommes mortels.

Weiter unten werden wir die Beispiele besprechen, die Hoepfner als Ausnahmen anführt.

Philippsthal kommt in seiner Untersuchung zu dem Schluß, daß in Betreff der Abjektivstellung diejenigen Regeln, die im Neufranzösischen befolgt werden, auch schon im Altfranzösischen zur Anwendung kamen. Er sagt (S. 68): „Im Neufranzösischen stehen nach dem Substantiv die Abjektive, welche eine rein sinnliche Eigenschaft, wie Form, Farbe, Geschmack u. dgl. ausdrücken. Im Altfranzösischen nehmen sie eine ganz beliebige Stellung ein, und heute noch weicht die Poesie von der angegebenen Regel ab." Die Abjektive, von denen Philippsthal spricht, gehören zu denjenigen, welche, wie schon gesagt worden ist, im dichterischen Stil leicht einen bildlichen oder affektischen Sinn annehmen. Der Stil aber der von ihm untersuchten Dichter und Historiker des XVI. Jahrhunderts kommt in dieser Hinsicht dem dichterischen Stile der modernen Sprache nahe.

Das Vorstehende kann genügen, um zu zeigen, daß im allgemeinen die Beispiele, die in diesen Einzelabhandlungen citiert werden, den Resultaten und den Grundsätzen entsprechen, die wir oben angeführt haben.

Es erübrigt noch zu untersuchen, wie sich die Resultate, zu denen Wagner in seiner Dissertation über die Stellung des Abjektivs im Altfranzösischen gelangt ist, zu unseren Bestimmungen verhalten.

In einem ersten Kapitel führt Wagner eine außerordentlich große Anzahl von Abjektiven an, von denen er behauptet, daß sie im Altfranzösischen immer voranstehen. Diese Behauptung scheint aber zu weit zu gehen: Erstens citiert Wagner für etwa 20 dieser Abjektive nur je ein Beispiel; ein einziges Beispiel genügt aber nicht, um behaupten zu können, daß das betreffende Abjektiv überhaupt immer vorangehe. Zweitens aber zeigen folgende Beispiele, daß 24 dieser Abjektive (bis, profond, apert, long, fin, averse, bon, clair, beau, haut, cher, chevalereux, humble, divin, jeune, brun, subtil, grief, vif, merveilleux, vaillant, bleu, cruel, pesant) auch nach ihrem Substantiv begegnen:

Fall α.

Auc. et Nic. 11,7 de marbre bis. — Auc. et Nic. 39,20; 27,3 u gaut parfout.
— Auc. et Nic. 12,14 si fist une corde si longe comme ele pot. — Berthe 727
traïson crual. — Berthe 741 un poi pesans. — Berthe 86 la roine au vis cler. —
Brant. 15,20 en l'aage jeune. — Brant. 245,5 un prince jeune. — Brant. 9,14 de
leur marbre brun. — Brant. 335,7 qui portent qualité belle. — Brant. 276,7 la
teste haute. — Chart. g 10 a en vestement long. — Chart. 110 b de la discipline
cheualeureuse. — Chret. 1291 biax sire chiers. — Hept. 43,17 et sa robe longue.
— Joinv. 133 de bonne escarlate finne. — Joinv. 8 de vesture lung fud aturnez.
— Joinv. 147 un venz griez et forz. — Join. 19 un cri merveillus. — Hept. I,
388,2 et s'en alla en la chambre haulte. — Mén. 211,21 à aymer les choses belles.
— Monl. 167,19 qu'est sus un liu hault. — Rab. 423,22 les astres ne y feront
influence bonne. — Rol. 12 de marbre bloi. — Rol. 162 tresque vint al jur cler.
— Rol. 100 e de guarnemenz chers. — Rol. 2338 en une pierre bise. — Rol. 2657
chevaler vaillant. — Rol. 2089 Il trait Almace s'espée d'acer brun. — Rol. 2852
cez veies lunges. — Rol. 2826 en un soen destrier brun. — Rol. 2916 juvente
bele. — Rol. 3126 ces vals parfunz. — Rol. 1043 luisanz ces espiez bruns. —
Rol. 3194 D'un graisle cler. — Rol. 3926 Fiert pinable sur l'elme d'acer brun. —
Rol. 3603 Fiert Carlemagne sur l'elme d'acer brun. — Rol. 3357 suz un olive halte.
— S. B. Avent. I, car ses voies sont voies beles. — S. B. 540 fontaine vive. —
Voit. I, 253,5 les graces tres-humbles. — Voit. I, 258,4 une qualité divine.

Fall δ.

Chart. d 7 a en prince soubtil et voulentif. — Gorm. 238 genz averse. —
Joinv. 38 grant mal apert.

Wagner behauptet also zu viel, wenn er sagt, daß die sämmtlichen von ihm
angeführten Abjektive immer vor dem Substantiv ständen. Er behauptet auch zu viel,
wenn er sagt, daß einige von diesen Abjektiven im Neufranzösischen gewöhnlich nach-
ständen. Es sollen dies folgende Abjektive sein: digne, divin, juste, horrible, gracieux,
malicieux, douloureux, merveilleux, maître, ténébreux, outrageux, bleu, fin, rude,
gras, maigre, léger pesant, laid, sain, lâche. Nun aber sieht jeder sofort ein, daß diese
Abjektive auch heute noch sehr leicht vorangehen können, da ohne jede Schwierigkeit gesagt
wird: un digne homme, le divin esprit, une juste colère, une horrible trahison, un
gracieux sourire, un malicieux ennemi, une douloureuse peine, une merveilleuse
vision, une lâche trahison, le bleu ciel, etc.

In einem zweiten Kapitel behandelt Wagner diejenigen Abjektive, die sowohl vor-
als nachstehen. Dabei macht er nun die Bemerkung, daß mehrere dieser Abjektive im

Altfranzöfifchen öfter vorangehen, als im Neufranzöfifchen. Dies ſtimmt völlig mit dem überein, was ſchon weiter oben geſagt worden iſt, daß nämlich der Stil im Altfranzöfifchen im allgemeinen viel beweglicher, viel affeltifcher iſt, als der Stil neufranzöfifcher Schrift-ſteller. Hieraus muß nach unſeren Beſtimmungen folgen, daß überhaupt das Altfranzöfifche die Abjeltive öfter voranſetzt als das Neufranzöfifche. Wagner citiert beſonders folgende: bas, fort, faible, nouvel, vrai, ancien, estrange, prochain, franc, blanc, noir, vermeil, ver, doux, dur, ferme, menu, neuf, nu, plein, chau, étroit, frais, rond, droit, senestre, religieux, austère, secret, singulier, notable, général, cathédral, naturel, perpétuel, destre.

Hierzu muß bemerlt werden, daß dieſe Abjeltive faſt alle auch im Neufranzöfifchen ohne jeden Anſtoß aus erörterten Gründen vorangeſtellt werden.

Ein drittes Kapitel endlich widmet Wagner denjenigen Abjeltiven, die im Alt-franzöfifchen immer nachſtehen. Auch hier geht Wagner wieder zu weit, wenn er eine Liſte von 92 Abjeltiven aufſtellt und von dieſen ſagt, daß ſie immer nachſtänden. Für 44 von dieſen Abjeltiven citiert er nur je ein Beiſpiel, was wiederum noch lange nicht genügt, um daraus den Schluß zu ziehen, daß die betreffenden Abjeltive immer nachſtehen.

Sodann finden ſich in ſeiner Liſte mehrere Abjeltive, die man ohne langes Nach-ſuchen auch vorgeſtellt findet, ſo die Abjeltive terrien, humain, corporel, honorable, oiseux, sec, forain, précieux, demaine, gris, rouge, contraire, sain, créale, welche in folgenden Beiſpielen dem Subſtantiv vorangehen:

Fall a.

Brant. 142,17 rouges cappes. — Chart. c 7 b des forains ennemis. — Chart. g 9 b de moult précieuses pierres. — S. B. nat. 59,38 l'umaine nature. — S. B. vig. 26,5 a non-créaule chose. — S. B. vig. 26,13 preciou estaule. — S. G. 2,19 cum convenaule chose soit. — S. G. 6,2 del terrien fait. — S. G. 6,24 les humains faiz. — S. G. 7,23 honorables barons. — S. G. 8,7 mult honorables uielhars. — S. G. 10,11 par corporel presence. — S. G. 10,2 d'umaine maistrie. — S. G. 24,17 par humaine raison. — S. G. 26,7 terrienes choses. — S. G. 28,25 del honorable homme. — S. G. 29,19 de humain trauail. — S. G. 58,20 cist ci précious examples. — Rab. 62,13 de grises pommelettes. — 4 R. 66 ses demeines vestemenz. — Monl. 145,21 de contraires religion.

Fall c.

Chart. f 6 b donner sec passage. — S. G. 8,14 oisouse parole.

Fall d.

S. B. nat. 59,9 l'umaine lignieie.

Hinſichtlich der 3 von Wagner aufgeſtellten Liſten dürfen wir alſo, wie gezeigt, nicht von Abjektiven die immer vor- oder immer nachſtehen ſprechen, ſondern nur von Abjektiven, die meiſt vor- oder meiſt nachſtehend angetroffen werden, und von ſolchen, die ebenſo gut vor- wie nachſtehen können. Und nun ſtellt ſich heraus, daß dieſe drei Liſten völlig den von uns aufgeſtellten Principien entſprechen:

Die erſte Klaſſe von Abjektiven, von denen Wagner behauptet, daß ſie immer voranſtehen, und von denen wir zugeben, daß ſie häufig vorangehen, geben wirklich Eigenſchaften an, die einen moraliſchen oder äſthetiſchen Wert, oder doch Eigenſchaften, die leicht wertend gebraucht werden, ausdrücken:

bel, brief, court, long, halt, jone, gentil, souvent, mi, sauf, bon, miousdre, meillor, meilleurs, humble, large, sot, preu, preude, mescheant, vaillant, chier, faus, loial, moien, plein, povre, pur, vain, vif, cruel, fier, fol, saige, traitre, hardi, bis, bleu, brun, cler, dru, espès, fin, rude, fruit, cras, magre, legier, pesant, lointain, parfont, plat, roit, wuide, lait, enferm, sain, glout (glouton), ennemi, veuf, las, seur, hongre, dolent, fel, lasche, net, ort, desoustrain, destroit, créant, mere, maistre, apert, avers, benigne, digne, juste, rebelle, universe, soutil, soutif, faitis, horible, amiable, doloreus, gracieux, malicieux, tenebrous, hastif, chevalereux, fortuneux, merveilleus, outrageus, celestial, deseurain, parmencible.

Was die zweite Categorie von Abjektiven, diejenigen, die ebenſo gut vor- wie nachſtehen können, anbetrifft, ſo iſt leicht einzuſehen, daß dieſelben Eigenſchaften bezeichnen, die ſowohl als unterſcheidende Merkmale gebraucht werden können, mit denen aber auch ein Affekt ſich verbinden läßt:

grant, graindre, graignor, grandesme, petit, menre, gros, vieil, riche, mauvais, villain, saint, saintime, bas, fort, foible, nouvel, vrai, blanc, noir, douse, dur, ferme, neuf, menu, nu, plain, commun, lie, noble, droit, honneste, souverain, espécial, perilleus, religieus, desloial, droiturier, pareil, ancien, estrange, prochain, vermeil, chaut, estroit, fres, rond, destre, sauvage, raisonnable, glorieus, principal, hauster, honteus, samblable, franc, vert, senestre, lai, lige, royal, courtois, mortel, secret, singulier, notable, general, cathédral, naturel, perpétuel, aventureux, paisible, vrai, doux, vermeil, frès.

Zu den Abjektiven endlich, von denen wir zugeben, daß ſie meiſtens nachſtehen, gehören, wie Wagner ſelbſt ſagt, nur 11 Abjektive von volkstümlichem Urſprung. Sodann haben wir zu 5 von dieſen 11 Abjektiven Beiſpiele angeführt, in welchen dieſelben vorangehen. Es bleiben alſo als Abjektive, die meiſtens nachſtehen, nur mehr ſolche übrig, die gelehrten Urſprungs ſind und mit „Suffixen" gebildet werden. Daß aber gerade dieſe Abjektive auf al, el, ial, aire, ier, igne, in, ible, able, ard, eux ſich dazu eignen, Diftinktionen, Unterabteilungen, befondere Arten von Gegenftänben zu kennzeichnen, erhellt fofort.

Die hierher gehörenden Abjektive find:
jaune, gris, rouge, chenu, oire, oscur, sec, cru, escru, velu, masle, entier, voisin, uiseux, annel, corporel, criminel, emperial, pharochial, arable, habitable, inhabitable, honnourable, possible, impossible, contraire, nécessaire, secrétaire, germain, quartain, humain, forain, terresire, campestre, autentique, musique, publique, oblique, util, marin, palazin, estrelin, daufio, precieus, agu, absolu, innocent, paterne, sollempnel, canonel, ahennable, aidable, convenable, créable, desfensavle, deffendable, imprendable, inraisonnable, pardurable, tenable, terrien, civilien, latimier, plenier, messagier, estrangier, ostagier, passagier, escumenicatif, portatif, définitif, familleus, iaweus, douteus, perccеus, joyeus, barbu, bayart, bastart, couart, mestis, leveĩs, couleĩs, bateĩs, batis, banneret, batelleur, deshoneste, debonaire, espinerech, domaine, ferrant.

Somit hat das von Wagner fo reichlich gefammelte Material die von uns auf- geftellten Beftimmungen unb Regeln für die Abjektivftellung im Altfranzöfifchen nur völlig beträftigt, unb die von ihm vorgenommenen Einteilungen unb Gruppierungen haben in biefen Beftimmungen ihre pfychologifche Begründung gefunden. Abjektive, bie einen moralifchen ober äfthetifchen Wert bezeichnen, ober überhaupt Eigenfchaften angeben, mit benen fich leicht Begriffe wie Lob, Tabel, Abneigung, Zuneigung, Bewunderung, Ver- achtung u. f. w. verbinden laffen, folche Abjektive werden ihrer Bedeutung wegen oft affektifch gebraucht, ftehen baher meift vor bem Subftantiv. Mit anberen Abjektiven bagegen, bie äußere, finnliche Merkmale, befondere Kennzeichen, Arten, Unterabteilungen angeben, kann ber Redenbe nicht leicht eine fubjektive Wertung verknüpfen, fie bienen bazu, Kennzeichen, nähere Beftimmungen, Unterfcheibungen anzugeben, unb ftehen baher meift hinter bem Subftantiv. Daß nun noch als britte Gruppe eine große Anzahl von Abjektiven hinzutritt, bie ebenfo gut bie eine wie bie anbere Verwendung zulaffen, unb baß überhaupt wenig Abjektive zu finden find, bie ausfchließlich nur vor ober nur nach bem Subftantiv ftehen, folgt aus bem Gefagten von felbft: was als Kennzeichen bient, kann auch wohl als Auszeichnung bienen, unb umgekehrt; hier entfcheiben ber Begriff bes Subftantivs unb bie Abficht bes Rebenben.

Zu ben Abjektiven, bie meiftens nur nachftehen, fügt Wagner in einem befonberen Paragraphen bie Abjektive, bie von Eigennamen abgeleitet find, hinzu. Daß biefe Abjektive faft immer nachftehen, ift ein treffenber Beweis für bie Richtigleit unferer Theorie. Diefe Abjektive bezeichnen nämlich, wie Wagner (S. 101) felbft fehr richtig bemerkt:

a) bie Zugehörigleit zu einem Volke ober Lanbe.

b) die Zugehörigkeit zu einer Stadt.

c) die Zugehörigkeit zu einer Person.

Diese Adjektive geben also Unterabteilungen, Unterscheidungen, besondere Kategorien von Personen oder Gegenständen an, und zwar so, daß hier das affektische, wertende Element nicht vorwiegend werden kann.

Wagner constatiert, wie wir, daß diejenigen Adjektive, die gewöhnlich dem Substantiv vorangehen, am meisten angewandt werden, und daß dies im Altfranzösischen noch viel mehr der Fall ist als im Neufranzösischen. Es sind dies besonders die Adjektive bon, beau, grand, petit, haut, pauvre, long, jenne. Diese Erscheinung findet aber ihre natürliche Erklärung in dem Umstande, daß die genannten Adjektive affektische, wertende Eigenschaften ausbrücken, die vielen Gegenständen zukommen, oder doch beim Sprechen oder Schreiben vielen Gegenständen beigelegt werden, besonders in der gewöhnlichen familiären Umgangssprache, wie wir sie in den meisten altfranzösischen Schriften noch vorfinden. Je mehr dagegen der Stil ein gelehrter und ausgearbeiteter ist, je mehr es sich darum handelt, über wissenschaftliche Dinge sich scharf und logisch auszusprechen, Gegenstände und Ibeen richtig zu kennzeichnen und zu unterscheiden, um so mehr werden jene mit Suffixen gebildeten Adjektive gebraucht, die Wagner „gelehrte Adjektive" oder „Neubildungen" nennt. Das Volk gebraucht mehr die Attribute, die vorangehen, die Gelehrten, welche unterrichten und belehren wollen, wenden mehr die nachgestellten Attribute an. Somit ist auch die von Wagner durch Wortzählung aufgefundene Erscheinung, daß die „Erbwörter" häufiger dem Substantiv vorangehen, die Neubildungen häufiger nachstehen, erklärt: die ersten sind mehr Wörter des Volkes, die zweiten sind mehr Wörter der Gelehrten.

Wie Wagner infolge seiner einseitigen Zählungen zu gewissen Schlüssen gelangt, ist nicht leicht einzusehen. Einen derartigen Schluß bietet er (S. 118): „Neben dem alten Prinzip (?), demzufolge das Adjektiv vor das Substantiv tritt, entwickelt sich allmählich das noch heute in Wirksamkeit befindliche Prinzip, demzufolge das Adjektiv, wenn die Eigenschaft individueller oder unterscheidender Art ist, den Hauptton annimmt und dem Substantiv folgt, während es, wenn die Eigenschaft minder hervorstechend oder allgemeiner ausgebrückt ist, vorangeht."

Wagner stellt hier für das Neufranzösische und für das Altfranzösische Prinzipien auf, deren Richtigkeit gar nicht bewiesen ist. Dererlei Schlüsse lassen sich nicht aus Zusammenzählungen und Zahlenangaben ziehen: nicht auf die Quantität, sondern auf die Qualität der Beispiele kommt es an. Unterschiede in den Zahlen beruhen nicht auf der Anwendung verschiedener Prinzipien, sondern auf der Anwendung desselben Prinzips in verschiedenen Schreib- und Stilarten.

Dagegen ist die Art und Weise, wie Wagner z. B. die Fälle, in welchen ein dem Anscheine nach von einem Eigennamen abgeleitetes Abjektiv vor dem Substantiv steht, erklärt, völlig zutreffend. Er sagt richtig S. 112: „In allen diesen Beispielen läßt sich der Völkername als Substantiv auffassen, zu dem noch ein anderes Substantiv als Apposition tritt." Auf diese Art wären u. a. folgende Beispiele zu erklären:
Froissart III. quatre cens Génevois arbalestriers. — Froiss. V. vint mille Génevois arbalestriers. — Froiss. II. li englois marceant. — Froiss. III. des hollandois piquenaires. — Froiss. III. les Normands esqumours estoient sus la mer.

Zu dieser Erklärung berechtigen andere Appositionen derselben Art, die in den Schriften jener Zeit häufig vorkommen: Joinv. 163. par un messagier, chevalier. — Froiss. II 493. à un sien frère, chevalier. — Froiss. II 402. escuyer, gentils hommes. — Froiss. III 280. chil bidau, saudoyer (Wagner, S. 112).

§ 3.
Besondere Fälle.

In den unsere Frage behandelnden Untersuchungen werden viele altfranzösische Beispiele, als dem modernen Sprachgebrauch widersprechend, angeführt. Daß diese sogenannten Ausnahmen im Grunde genommen keine Ausnahmen sind, wird folgende Besprechung derartiger Beispiele, wie sie teils in den von uns untersuchten altfranzösischen Texten, teils in den unseren Gegenstand berührenden Dissertationen vorkommen, zu zeigen haben.

1. Villehardouin.

Zuerst die Beispiele, in denen das Abjektiv vorangeht:

Fall c.
44. dui blanc abé. — 97. li blanc moine.

Fall a.
97. la laie genz. — 154. ce fu une des plus doutoses choses à faire qui onque fust. — 241. et ot tendues ses vermeilles tentes. — 256. Li marchis ere uns des plus poissiez chevaliers dou monde. — 402. qui ere un mult plentereus leu.

Fall d.
350. à cler jor *.

---

* = au grand jour, wo jour im Sinne von lumière, clarté gebraucht ist.

Blanc moine und *blanc abé* find eigentlich als Wortzusammensetzungen aufzufassen, bei denen der trait d'union nicht fehlen sollte; daher stehen sie außerhalb unserer Frage. Jedenfalls spricht die Bildung dieser Ausdrücke nicht gegen unsere Regel; denn, da man nicht von weißfarbigen, sondern von weißgekleideten Mönchen sprechen wollte, so hat man nicht moine blanc (was widersinnig wäre) sagen können, sondern konnte nur blanc moine sagen. In dem Beispiel 241, *ses vermeilles tentes*, steht ein die Farbe bezeichnendes Abjektiv vor dem Substantiv. Die Farben sind Eigenschaften, durch welche Gegenstände unterschieden werden; sie können aber auch mit dem Affekt der Bewunderung verbunden auftreten: diese Abjektive stehen daher gegebenen Falls auch vor dem Substantiv im Altfranzösischen wie im Neufranzösischen. Daß nun aber ein Historiker des Mittelalters von vermeilles tentes spricht, verrät, daß dieselben noch immer zu den Kostbarkeiten der Großen gehörten, als welche sie im IX. Jahrhundert galten. (Alwin Schulz, Das höfische Leben zur Zeit der Minnesinger. Leipzig 1879, I, 214.)

Villehardouin sagt sobann (97): « Et ne vos merveilliez mie se la laie genz ere en discorde ; que li blanc moine de l'ordre de Cistiaus erent altressi en discorde en l'ost. »

Wenn sogar Mönche, meint Villehardouin, die doch das gute Beispiel geben sollen, uneinig sind, so darf es uns nicht wundern, wenn auch die « laie genz », das gewöhnliche Volk, von dem man in dieser Hinsicht weniger erwartet, uneinig ist. Unser Historiker verbindet hier mit dem Abjektiv « lai » mehr oder weniger den Begriff der Geringschätzung. Im Deutschen wird das Wort „Laie" oft in einem ähnlichen Sinne gebraucht.

In den drei Beispielen: doutoses choses, proissiez chevaliers, plentereus leu, giebt der Superlativ genugsam an, daß die betreffenden Eigenschaften im Sinne einer Wertschätzung ausgesprochen werden. Auf bergleichen Fälle wird fernerhin nicht mehr Rücksicht genommen.

Unter den Abjektiven, die nach dem Substantiv stehen, und dem Anscheine nach Ausnahmen bilden, sind vorerst zwölf eigentümliche, einander durchaus ähnliche Beispiele zu nennen, in denen jedesmal das Abjektiv « grand » hinter einem Substantiv sich befindet, vor welchem ein Zahlwort steht:

448. deus lives granz. — 425. seize perieres granz. — 217. dix sept nés granz. — 140. une live grant. — 344. unes places granz. — 302. doze jornées granz. — 461. trente trois perieres granz.

Wir würden diese Konstruktion im Neufranzösischen allerdings nicht mehr anwenden; wir würden das Abjektiv grand zwischen das Substantiv und das Zahlwort stellen. Allein es handelt sich hier sichtlich nicht einfach um die Begriffe, die wir mit den Ausdrücken:

— 59 —

de grands vaisseaux, de grandes journées u. f. w. verbinden; es handelt sich vielmehr um eine Unterscheidung, um einen Gegensatz: da bestimmte Maßangaben für Schiffe, für Tagereisen oder Steinbölle fehlten, so unterschied man gemeiniglich zwischen einem großen und einem kleinen Kaliber, und so mußte das Abjektiv grand nachstehen. Es kommen somit hier Begriffe und Auffassungsweisen zum Ausdruck, die im Neufranzösischen gar nicht mehr gebräuchlich sind. Eine andere Art zu denken und zu fühlen erklärt hier, warum man in altfranzösischer Zeit dem Abjektiv in einigen Fällen eine dem Neufranzösischen nicht ganz entsprechende Stellung gab, trotzdem man sich nach denselben Regeln richtete. Dies gilt nicht minder für das schon besprochene Beispiel: vermeille tente.

In Paragraph 203 sagt Villehardouin: Mult en orent grant pitié cum il virent ces haltes yglises et ces palais *riches* fondre et abaissier. — «Palais riches» würden wir heute nicht leicht sagen, weil riche heute unbedingten Beifall einschließt. Allein wenn wir heute den Begriff des Reichen schon in palais (gegenüber maison) gesetzt finden, so war bies im Mittelalter, wo es so viele Paläste gab, und in allen Schriften, wenn von Wohnungen gesprochen wird, fast immer nur von palais die Rede ist, vielleicht wohl nicht der Fall.

2. Henri de Valenciennes.

Henri de Valenciennes spricht (541) von «vermel samit», wie Villehardouin (241) von «vermeilles tentes» spricht (f. o. S. 58).

In dem Beispiele: (665) des vassiaux lor jetoient vive chauc es ielx, ist das Abjektiv vif ganz an der richtigen Stelle, da der Schreibende hervorheben will, einen wie heftigen Schmerz brennender Kalt in den Augen hervorbringen mußte; nachgestellt hätte das Abjektiv biesen Sinn nicht.

Dagegen setzt unser Schriftsteller das Abjektiv ancien hinter das Substantiv in bem Beispiel: (234) Por Diu souviegne vous des prudomes anciiens ki devant nous ont esté; was wir auch in bem Neufranzösischen thun könnten, wenn wir das Ehemalige von bem Jetzigen unterscheiden wollten, wie Henri de Valenciennes hier thut. Dazu kommt noch, daß der folgende Relativsatz nicht das Substantiv prudomes, sondern das Abjektiv anciens näher erklärt, weshalb bieses ihm zunächst stehen muß.

3. Robert de Clary.

Nur folgende drei Beispiele, bie auch Raumair citiert, bedürfen einer Erklärung: LXXXII, 12 blanc marbre (Fall a). Daß der Schreibende hier mit Lob und Bewunderung spricht, erhellt aus bem Zusammenhang: Et li pavement de le capele estoit d'un blanc marbre si liste et si cler que il sanloit qu'il fust de cristal. Ebenso im zweiten Beispiel:

LXXXII, Schl. le beneoite corone (Fall a). Er spricht von der Dornenkrone des Heilandes und sagt: Et si i trova on le beneoite corone dont il fu corones. Im dritten Beispiele:

LX, 9 seske legne (Fall a) handelt es sich nicht nur darum, trockenes Holz von grünem Holz zu unterscheiden, sondern der Schreibende will hervorheben, wie ganz dürr das Holz war, wie sehr es sich daher zur Anstiftung des Brandes, den man plante, eignete: si les font il toutes emplir de bien seske legne et de lardons dedens le legnne.

4. Récits d'un Ménestrel de Reims.

In dieser Chronik kommen nur fünf Beispiele vor, die eine Erklärung erfordern: Die Ausdrücke « l'ainsnei fil» (IV, 17) und « veve famme» (XII, 78) lassen sich erklären wie der Ausdruck « un frère chevalier» (s. S. 57).

Daß das Abjektiv «fort» in dem Beispiel: IX, 65 et fu pris li rois et envoiez en un fort chastel mit Nachdruck gebraucht wird, ist leicht einzusehen.

In dem Beispiel: XX, 187 elle se despouilla es pure sa chemise ist «en pure» nicht Attribut zu chemise, sondern eine nähere Bestimmung zu despouilla, eine bekannte Konstruktion besonderer Art. Der Ausdruck « à la laie joustice» (XLIV, 478) hat oben (S. 58) seine Erklärung gefunden.

5. Joinville.

In folgenden drei Beispielen würde man vielleicht das Abjektiv im Neufranzösischen eher nachsetzen; allein vorangestellt drückt es, wie man leicht erkennt, die Zustimmung des Verfassers aus:

342. raisonnable somme (Fall a). — 717. le riche home (Fall a). — 78. droite hoirs (Fall c).

In dem letzten Beispiel ist das Abjektiv im übertragenen Sinn gebraucht: hoirs droite könnte wörtlich nur übersetzt werden mit „gerader Erbe", was unsinnig wäre.

Die zwei folgenden Beispiele 21. Son ainsnei, fil; 588. la veuve, femme, lassen sich erklären wie « un frère chevalier» und andere noch (s. S. 57). In den Quatre livres des Rois ist ein ähnliches Beispiel: 52. La ainznée de ses filles, Merob, la puisnée, Micol.

In dem Ausdruck « corte laingue», welches die Benennung für die Provinz Languedoc ist (578. et à ces autres chieveteins de la corte laingue), haben wir es eher mit einer Wortzusammensetzung, als mit einer eigentlichen Attribuierung zu thun, laingue corte würde nur „kurze Zunge" bedeuten. Ebenso in dem Ausdruck «preu home»;

übrigens wird hier das «preu» lobend beigefügt; — ebenso mochte «corte laingue» tadelnd oder geringschätzend gesagt werden.

Das Adjektiv étrange steht bald vor, bald hinter dem Substantiv:

Fall α.

683. de ces genz estranges. — 147. en autres terres estranges.

Fall a.

74. qui estrange femme estoit. — 117. en une estrange maison. — 280. en estrange terre.

Dieses Adjektiv entspricht bald dem neufranzösischen étrange, bald dem neufranzösischen étranger, bald endlich steht es ungefähr in der Mitte zwischen beiden, deshalb läßt es beide Stellungen zu.

Das Beispiel: 93. que il avait fait chevalier nouvel, übersetzt Wailly mit: «qu'il avait fait nouveau chevalier». Es wäre wohl richtiger gewesen, das Adjektiv an seiner Stelle zu lassen und zu sagen: «qu'il avait fait chevalier nouveau»; denn Joinville will sagen, daß der Betreffende eben erst in den Ritterstand erhoben worden war. «Faire quelqu'un nouveau chevalier» wäre ein Pleonasmus.

In dem Beispiel: 237. sus un bas cheval bien fourni, endlich, stimmen die Handschriften nicht überein, da einige «beau» statt «bas» haben.

Was sodann die Beispiele betrifft, in denen das Adjektiv nachsteht, so ist nur eines hier besonders zu erwähnen:

289. une pierre menue.

Im Neufranzösischen wird dieses Adjektiv nicht mehr in ganz demselben Sinne gebraucht; es hat hier, wie man leicht einsieht, eine distinguierende Bedeutung, da es den Gegensatz zu „groß" oder „wichtig" ausdrückt.

Wenn außerdem Joinville (17) von gaiges bons et grans und (10) von menoison mout fort spricht, so sind dies Wendungen, die wir auch jetzt noch nachahmen können; denn auch heute noch können wir sagen: «des gages bons et grands» und «une dyssenterie très forte».

Endlich findet man bei Joinville Beispiele, in denen das Particip «dit» vor dem Substantiv steht (la dite contée, la dite royne). Es sind dies Ausdrücke besonderer Art, die auch im Neufranzösischen noch gebräuchlich sind; dit steht voran nach Analogie des demonstrativen Pronomens ce.

— 62 —

6. Quatre livres des Rois.

Auf ben hunbert erften Seiten biefes Werkes finb kaum fieben Fälle zu finben, bie hier erwähnt werben müffen:

Fall α.

52. fist de sa privée maigné. — 71. sa einznée fille. — 89, 84, 90. le seintefeid vestement. — 93. Il truvad asseur recet en Engaddi. — 83. je n'ai pain que lais huem deive user.

Der Ausbruck: «sa einznée fille» hat oben (S. 57) feine Erlebigung gefunben. Das Abjektiv «asseur» ift im Neufranzöfifchen weber in biefer Form, noch in biefer Bebeutung vorhanben. Wie fchon ber lateinifche Superlativ (in locis *tutissimis*) genügenb beweift, verknüpft fich hier mit asseur bie Wertung bes Erzählers.

Das Partizip «seintefied» mit bem folgenben Subftantiv überfetzt hier regelmäßig bas hebräifche «ephod», Kleib ber Leviten, unb bient baher (= saint) bazu, ben befonberen Wert bes geheiligten Gegenftanbes hervorzuheben; während es in anberen Fällen, wo ber Unterfchieb zwifchen geheiligtem unb nicht geheiligtem als Accibenz ausgebrückt wirb, nachfteht, z. B.: (83) Mais ceste veie, fit David, n'est pas del tut nette que le pain seintefried encuntre lei manjuns.

Das vorangeftellte «lais» in «lais huem» ift oben (S. 58) erklärt worben.

Der Ausbruck «privée maignée» ift eines jener Beifpiele, über welche es heute fchwierig ift, ein ficheres Urteil zu fällen, ba wir uns nicht leicht vergegenwärtigen können, was man bamals babei benken unb fühlen konnte; lat = sociabat eum sibi. Auch bei Froiffart finbet fich noch privée mesnée für bie vertraute Dienerfchaft, unb gewöhnlich ift meisnée altfranzöfifch von auszeichnenben Epitheta (bonne, honorable) begleitet.

Es finb noch zwei Beifpiele zu erwähnen, in benen bas Abjektiv nachfteht:

Fall α.

93. truvad i une cave grande u il entrad. — 107. Preies grandes de brebiz.

Wir würben biefe zwei Beifpiele nicht leicht nachahmen; allein groß wirb hier, wie auch fonft oft im Altfranzöfifchen nicht mit bem Begriff bes „Vorzuges" verbunben gebraucht.

7. Dialogues de S. Grégoire.

In S. Grégoire's Dialogen ftehen bie Abjektive: humain, terrestre, mortel, extérieur, intérieur vor bem Subftantiv, in Beifpielen, in welchen wir fie jetzt eher nachftellen würben. Aber auch biefe Beifpiele finb bem mobernen Sprachgebrauch nicht birekt zuwiber. Wie fchon bemerkt, ift ber Stil im Altfranzöfifchen lebhafter als im Neufranzöfifchen;

es wird leichter bei gewissen Adjektiven die affektische Seite hervorgehoben, als dies heutzutage der Fall ist. Sobann nimmt aber in allen diesen Beispielen das Attribut die Stelle ein, die es auch im lateinischen Texte einnimmt: wir dürfen wohl annehmen, daß der Übersetzer sich wie sonst, so auch hier, durch die lateinische Wortstellung hat beeinflussen lassen. Hier folgen diese Beispiele mit dem lateinischen Text:

Fall a.

6,20. lo present secle *(præsens sæculum)*; — 6,24. par les humains faiz *(per humanos actus)*; — 10,11. par corporal presence aprist les apostles *(corporali præsentia)*; — 21,4. el destre leiz et el senestre *(dextro laevoque portabat latere)*; — 23,19. del humain traiuail *(de humano labore)*; — 24,13. lo nient culpable filh de Jonathas *(contra innocentem Jonathæ filium)*; — 27,22. en estranges cuers *(in alienis oculis)*; — 31,14. par ententine garde *(sollerti custodia)*.

Fall c.

11,14. un morteil trebuchement* *(mortale præcipitium)*; — 6,4. az deforienses choses (entspricht dem lateinischen: *ad exteriora*), choses, ein anschauungsloser allgemeiner Begriff.

Das Adjektiv «deuentrien» nimmt in folgendem Beispiel eine andere Stelle ein als im Lateinischen:

10,2. Ke ia soit ce ke defors lur failbet discipline d'umaine maistrie, nekedent la droiture del *deuentrien* maistre ne lur falt mie (lateinisch: *ut etsi eis exterius humani magisterii disciplina desit magistri intimi censura non* ¶esit). Der Übersetzer sagt hier «deuentrien maistre» nach Analogie von «umaine maistrie», welches in demselben Satz steht.

Das Adjektiv «romain» steht dreimal vor dem Substantiv:

Fall a.

17,17. en icest romain borc *(in hac sunt Romana urbe)*; — 20,3. del Romain eueske *(a Romano pontifice)*; — 31,10. de la sainte Romaine église *(sanctæ Romanæ ecclesiæ, s. S. 66)*.

An acht verschiedenen Stellen der Dialoge steht ein Partizip als Attribut vor dem Substantiv. Nun sind aber vier von diesen Beispielen veraltete Ausdrücke, die wir heute nicht mehr gebrauchen; andere vier sind Nachbildungen des lateinischen Textes. Da der Übersetzer mehrere Mal das Partizip nach Analogie des Lateinischen voranstellt, so darf wohl auch hier angenommen werden, daß er in den übrigen zwei Beispielen, wo das

---

* = trébuchement qui amène la mort.

lateinische Partizip nachsteht, es im Französischen vorangestellt hat nach Analogie der übrigen Beispiele. Es muß überhaupt bemerkt werden, daß, infolge des Einflusses, ben der lateinische Text auf den französischen ausgeübt hat, mehrere Partizipien in den Dialogen als Attribute gebraucht werden, bie weber im Neufranzösischen noch in anderen unabhängigen altfranzösischen Texten als solche vorkommen.

Hier bie gemeinten Beispiele:

Fall a.

7,9 des *parfis* et des *aloseiz* hommes (*de perfectis probatisque viris*); — 11,7 son *perdut* jument (*jumenti parditi damnum*); — 21,14 l'*occupeit* corage en pluisors choses (*occupato in multis animo*); — 25,17 les *forsenanz* Lombars (*sævientes Longobardos*); — 27,20 les *aporteies* laidenges (*contumelia illata*).

Fall d.

7,14 nient *dessemblanz* édifications (*non dispar ædificatio*).

Fall c.

22,24 par *enfleit* pense (*proterva mente*); — 22,3 par *enfleit* espir (*protervo spiritu*).

Es sind endlich noch zwei Beispiele zu erwähnen, in benen bie Abjektive nachstehen:

Fall α.

10,23 De cui ja soit ce ke pluisors vertuz certains racontemenz des pluisors ait depuliet (*narratio certa*). — 22,11 prent verd fain (*leva fænum viride*).

Wenn in bem erften Beispiel bas Abjektiv certains nachstände, so würde ber Sinn des lateinischen certa = zuverlässig getroffen sein; ber Übersetzer scheint bagegen certa = certain = aliquis gesetzt zu haben. In bem zweiten Beispiel soll burch bie Voran-stellung ohne Zweifel hervorgehoben werden, wie gut und angenehm grünes Futter für bas Vieh ist.

8. Sermons de S. Bernard.

Folgende Beispiele, ber Prebigt XIII (Bollmöller, Bb. II, S. 58) entnommen, gehören unter bie Zahl berjenigen, bie, ohne bem mobernen Sprachgebrauch birekt zu widersprechen, kaum mehr nachgeahmt werden. Daß sich leicht Affekt mit ben entsprechenden Attributen verbinden läßt, sieht jeber ein.

Fall a.

59,18 tu presisses la royale corone. — 59,28 il l'umaine nature reccut. — 60,6 il noz mortels cors resusciterat.

Auf S. 61,6 heißt es sodann: que les bones oyures soient condiès . . . . .
de la douzor de l'esperitel grace.

Wir würden allerdings nicht mehr leicht «spirituelle grâce» sagen, denn gewöhnlich
handelt es sich darum, die übernatürliche Gnade von der natürlichen zu unterscheiden;
allein man kann auch wohl, ohne an eine derartige Unterscheidung zu denken, einfach
hervorheben, wie kostbar, wie wertvoll eine übernatürliche Gnade ist. Das kann besonders
hier in diesem Beispiel der Fall sein; wo von der Süßigkeit einer solchen Gnade die
Rede ist. Übrigens steht das Attribut auch im Lateinischen vor, wo es heißt (30,6):
et dulcedine spiritualis gratiæ condiantur.

In der Predigt I (Bollmöller, Bd. II, S. 1) stehen die Abjektive humain und
terrestre in folgenden dem lateinischen Texte entsprechenden zwei Beispielen vor:

1,8 ens terrienz solaz (I, 1, A, corporalibus consolationibus). — 4,14 ceu
nen iert mies humaine templations nen humains pechiez (alioquin non humana erit
tentatio nec humanum peccatum) (s. o. S. 64).

In dem folgenden Beispiel sodann wird ein participe passé, das wir als Attribut
gar nicht mehr gebrauchen würden, vorangestellt, weil es auch im Lateinischen voransteht
(s. o. S. 216):

4,12 ensi totenoies si iu del tot renoye l'aperceue falseteit (si tamen aprehensæ
falsitati penitus renunciavero).

9. Roman de Berthe aux grands pieds.

Wir führen hier einige Beispiele an, ähnlich benjenigen, die in vielen Dissertationen
als Ausnahmen angeführt werden, in denen aber das voranstehende Attribut offenbar
affektisch gebraucht ist, eine Stellung, die wir auch heute noch nachahmen könnten:

Fall a.

1258 Entour li font estendre tapis et blanc estrain. — 1196 Par estranges
pays gueriens chevissement. — 1361 Et l'autre li retrempe de fresche aigue son
vin. — 1786 Or a bien fait compieng de sa clere fontaine. — 3274 De fresche
herbe et de jons partout espeasement. — 3432 Mainte terre trespassent, mainte
estrange contrée.

Fall d.

2045 En un très biau prael souz une feuillie ente.

Es ist auch zu bemerken, daß überdies in allen diesen Beispielen, mit Ausnahme
von zweien, die Stellung des Abjektivs durch den Reim und den Vers erfordert ist.
Außer diesen sieben Beispielen sind aus dem ganzen Roman nur noch die zwei folgenden
hier zu erwähnen:

9

227 Lor oirre ont aprestée nostre *françoise* gent. — 2073 Ne sai quel maus
la prist souz sa *destre* maissele.

Über das vorangestellte « destre » ist oben (S. 63) gesprochen worden. Was die
Abjektive, welche die Nationalität angeben, betrifft, so haben wir das Abjektiv « romain »
breimal bei S. Grégoire (f. S. 63), das Abjektiv « français » viermal im Rolandslied,
wo auch « sarrazin » einmal vorangeht (f. S. 66), und endlich dieses Beispiel in Berthe
aux grands pieds gefunden. Nun aber finden wir auch im Neufranzöfischen Beispiele,
in welchen die Nationalität ·angebende Abjektive vorangehen. Dühr citiert (S. 13),
ohne jedesmal den Schriftsteller anzugeben, folgende: six grecs politiques (V. Hugo);
le gothique architecte; dans ses gothiques entraves; la française ardeur. Wenn nun
auch im Neufranzöfischen in solchen Fällen durch den Affekt des Schriftstellers die Voranstellung des Abjektivs bewirkt ist, so wird auch im Altfranzöfischen, wo der Affekt einen
noch größeren Einfluß ausübt, eine solche Auffassung nicht von der Hand zu weisen sein.
Zudem ist zu beachten, daß sowohl in dem « Roman de Berthe » die Stellung « françoise
gent », wie auch die Stellungen im Rolandslied durch den Reim erfordert werden, und daß
in dem Rolandsliede eine solche gekünstelte Stellung, wie wir schon oben bemerkt haben,
mit vielen anderen außergewöhnlichen Wendungen eine Zuthat ungeschickter Nachbichter
sein kann. Die von Philippsthal (S. 69) citierten Beispiele: Brant. 397,15 l'empereur
en faisoit de mesme aux *François* prisonniers. Mén. 245,37 en a usé un docte
Flamand antiquaire, erledigt die Erklärung, daß nicht « François » und « Flamand »,
sondern « prisonniers » und « antiquaire » die Attribute sind.

Es erübrigt noch, eine Anzahl von Beispielen zu untersuchen, welche in den oben
angeführten Abhandlungen als Ausnahmen betrachtet werden.

Le Coultre findet in folgenden Beispielen dem Neufranzöfischen widersprechende
Wendungen:
32. un *cortois* morz. — 514. de *dure* pierre. — 849. de si *fier* cuer. —
2536. *desleal* lecheor. — 3577. li *foibles* hom.
Der affektische Sinn tritt in biefen fünf Beispielen klar hervor. Daß sobann in
bem Beispiel, 6050 d'amor *saintime*, „heilig" als unterscheidendes Merkmal zu „Liebe"
hinzutreten kann, lehrt der Dichter selbst, der erläuternd beifügt: bon amors qui n'est
ni fausse ni sainte.

Die Voranstellungen, die Krüger als Ausnahmen betrachtet, haben bei der
Besprechung ähnlicher Beispiele weiter oben ihre Erledigung schon gefunden: fie enthalten
Abjektive, mit benen fich fehr leicht ein Affekt verknüpfen läßt:

Fall a.

AA.* 50. *perpetuas* compaignie; — AA. 52. li *benignes* rois; — AA. 53. *droituriers* juges; — AA. 57. *tres debonaires* et loias justisierres. — FJ.** 151. son *privé* consel; — FJ. 119. en *molt sauvage* lieu; — FJ. 116. un *noire* take; — FJ. 106. la *diestre* ainne.

Morf giebt in feiner Arbeit über die Chanson de Roland wenig Beispiele an, von benen er glaubt, fie entfprächen bem mobernen Gebrauch nicht, unb bemerkt, baß berartige Beispiele nur bort vorkommen, wo ber Versbau bie betreffenbe Wenbung erforbert. Er citiert Fälle, in benen, wie in vielen fchon befprochenen, Abjektive, welche bie Farbe, bie äußere Gestalt ober ben Gefchmack angeben, voranstehen, wo immer ber Dichter bamit einen Affekt verbunben haben konnte:

Fall a.

89. dis *blanches* mules; — 370. *merveillus* hom- est Charles; — 389. une *vermeille* plume; — 448. en *estrange* cuntrée***; — 503. al *chanud* peil; — 597. le *destre* braz del cors; — 950. vermeilles de *chald* sanc; — 1089. Sus ciel n'en ad plus *encrisme* felun; — 1216. ses *saintismes* angeles; — 1917. la *neire* gent; — 2352. mult *larges* teres; — 2492. asez i ad *fresche* herbe; = 2573. sur la *vert* herbe; — 3380. *durs* colps i fierent.

In folgenben Beifpielen bilbet bas nachgeftellte Abjektiv ben Reim:

Fall α.

100. de guarnemenz *chiers*; — 1077. en la bataille *grant*; — 2916. juvente *bele*; — 3127. e de la tere *guaste*; — 3357. suz un olive *halte*; — 3359. sur un boissun *petit*.

Fall γ.

162. tresque vint al jur *cler*.

Wenn nun wirklich ber eine ober ber anbere biefer Fälle etwas fchwieriger zu erklären ift, als bie vorhergehenben aus anberen Schriftstellern gezogenen Beispiele, fo müffen wir uns ber verfchiebenen Hänbe erinnern, bie am Rolanbslieb thätig gewefen finb. Das Abjektiv « français » fteht vor bem Substantiv in folgenben Beifpielen:

---

* AA. = « Amis et Amile ».
** FJ. = « Le Roy Flore et la belle Jehanne ».
*** Ganelon fagt zu feinem Schwerte, baß er nicht allein in frembem Lanbe fterben werbe, fo lange er basfelbe trage.

(395, 2515) la franceise gent; (3722) français barun; (3890) franceis chevalier; baju kommt noch ein Beifpiel mit bem Abjeftiv « sarrazin »: (367) sarrazins messages. Jn allen biefen Beifpielen wirb bie betreffenbe Stellung burch ben Reim verlangt, ausgenommen in « français barun », wo aber bie Überlieferung nicht ficher ift (f. o. S. 66).

Riefe citiert folgenbe Beifpiele:

I, 63,3. D'encoste une *blanche* abbeye, qui estoit toute arse, que on clamoit don temps le roy Artus, le *Blance* Lande; — III, 170,10. li rois d'Engleterre monta sus un petit palefroi *blanch*, un *blanc* baston en sa main, adestrés de ses deux maréchaus; — V, 85,11. Si estoit li rois de France ensi que il chevauçoit parmi Londres, montés sur un *blanc* coursier et li princes de Galles sur une petite *noire* haghenée dales lui.

Was bie Ausbrüde « blanche abbeye » unb « Blance Lande » betrifft, fo weifen wir auf bas jurüd, was (S. 57) über « blanc moine » gefagt worben ift. Jn ben zwei übrigen Beifpielen ftehen Abjeftive, welche bie Farbe bezeichnen, balb vor, balb nach, je nachbem Affeft bamit verbunben ift ober nicht.

Aus bem Umftanbe, baß Voiture basfelbe Abjeftiv balb vor, balb hinter bas Subftantiv ftellt, zieht Lift ben Schluß, baß biefer Schriftfteller ohne Unterfchieb bas Abjeftiv vor ober nach ftellt. Wenn wir aber bie angeführten Beifpiele näher unterfuchen, fo ftellt fich heraus, baß es fich um Abjeftive hanbelt, bie eine moralifche Eigenfchaft angeben unb bie, je nach ber Auffaffung bes Rebenben, balb affeftifch, balb biftinguierenb beigefügt werben:

I, 179,18. j'avoue que j'ay receu celle-cy avec une *extreme* joye. — II, 84,19. La joye *extreme* qu'il avoit des paroles que luy avoit dites Zelide, fit qu'il entretint tout ce jour la Reyne avec une complaisance *merveilleuse*. — I, 140,25. Au reste vous m'avez fait un *extreme* plaisir. — II, 65,6. Au commencement ces deux *jeunes* enfans ne sentirent en eux rien d'extraordinaire qu'un plaisir *extreme* de se voir. — I, 253,5. Il est impossible que je me defende de vous témoigner le ressentiment que j'en ay, et de vous rendre les *tres humbles* graces qui vous en sont deuës. — II, 24,13. Je partiray d'icy en diligence, et iray, Monsieur, vous rendre moy-mesme les graces tres humbles que je vous dois pour tant d'obligations que je vous ay. — I, 438,25. Je suis excusable d'avoir peur d'une *si cruelle* mort. — I, 142,16. Je ne mourrois pas ici d'une mort *si cruelle*. — I, 258,4. Je m'imaginois toujours que tant de bonté, de generosité, de constance et de *divines* qualitez qu'il y a en

V. A. R. ne pourroient estre long-temps malheureuses. — I, 321,29. J'admire comme une qualité *divine* en vous, l'incompatibilité que vous avez avec luy.

Lift glaubt sobann, baß, wenn Voiture auch im allgemeinen ben Participien ben-felben Platz anweist wie ber moberne Franzose, er bennoch biefelben leichter vorangehen läßt. Die Beispiele aber, bie Lift anführt, enthalten vorangestellte Participien, bie, wie jeber einsieht, affektisch angewenbet sinb, unb bie wir auch heute noch voranstellen würben, so baß biefe Beispiele, weit entfernt eine Ausnahme zu bilben, im Gegenteil ganz zutreffenbe Belege sinb für bie von uns aufgestellte Theorie:

II, 69,4. Esperant que l'absence pourroit effacer les impressions que l'Amour avoit fait en ces deux Ames, jeunes et tendres encore; et que ceux qu'elle avoit mis auprès d'Alcidalis pour le gagner, le trouveroient plus capable d'estre persuadé, quand il ne verroit plus l'objet de cette *naissante* passion. — I, 337,4. Figurez-vous donc, s'il vous plaist, Madame, tout le ressentiment que peut avoir *le plus reconnoissant* homme du monde. — I, 48,35. Et à quel propos mettre cela à la fin de *la plus obligeante* Lettre du monde? — I, 213,18. Si vous n'estes *la plus aymante* personne du monde, vous estes au moins la plus obligeante. — I, 316,27. Cette mauvaise intelligence m'a donné occasion de recevoir un *si signalé* tesmoignage de vostre bonté. — I, 361,18. Les courtes et *précipitées* prosperitez de Gaston de Foix. — I, 44,25. Vous estes *la plus accomplie* personne du monde. — I, 372,2. A dire le vray, l'honneur de recevoir des marques de la bien-veillance d'une des plus grandes Reynes du monde, et (ce que j'estime davantage) de *la plus accomplie* personne que j'aye jamais veuë. — II, 109,28. *Les plus accomplis* chef-d'œuvres de l'art. — I, 242,8. Vous qui estes la plus *considerée* personne du monde. — I, 453,6. *La plus soûmise*, la plus *desinteressée*, et *la plus parfaite* passion qui fut jamais.

Indem Bölcker alle Fälle, bie sich in seinen Texten vorfanden, zusammenzählte, ergab sich als Prozentfatz für bie Voranstellung ber Abjektive in ber Passio unb in ber Chanson sur S. Léger 82 %, er fällt aber in ber Chanson sur S. Alexis unb in Gormond et Isembart auf 75 %, unb im Rolanbslieb sogar auf 65 %. Diese Zahlen können uns gar nicht befremben, sie hängen mit bem Stoff unb Vortrag biefer Gebichte zusammen. Die Legenbe gebraucht affektische Epitheta, bie epische Erzählung verlangt allerlei ohne Distinktionen nicht benkbare Beschreibungen. Die von Bölcker speciell erwähnten Fälle sinb nicht geeignet eine besonbere Diskussion baran zu knüpfen.

Wenn Schlickum von ben richtigen Grunbgebanken ausgegangen wäre, so hätte er barin, baß Abjektive wie parfait, clair, étrange, halb vor, balb nach stehen, nichts

Außergewöhnliches erblickt; ebensowenig in dem Umstand, daß in der von ihm unter-suchten Dichtung nur 8 Abjektive vorkommen, die immer nachstehen, während 15 immer vorangehen, und 5 bald vor-, bald nachstehen, so daß im Ganzen 200 Fälle von Voran-stellung 20 Fällen von Nachstellung gegenüberstehen. Hieraus kann, wie schon gesagt worden, nur folgen, daß im Altfranzösischen mehr Beispiele vorkommen, in denen das Abjektiv vorangeht, aber nicht, daß die Voranstellung bevorzugt wird.

Hoepfner findet, daß Alain Chartier den modernen Regeln zuwider handelt, wenn er Abjektive, die eine moralische Eigenschaft ausbrücken, hinter das Substantiv stellt. Es ist nun aber ganz natürlich, daß solche Eigenschaften bei geeignetem Substantiv auch wohl als unterscheidende Merkmale gebraucht werden, was in folgenden Beispielen der Fall ist:

42 a. des maladies *contagieuses* (Fall α); — e 11 b. ordonnance *droictu-*
riére (Fall δ); — i 10 b. de la discipline *cheualereuse* (Fall α).

Während Alain Chartier Abjektive, welche die Farbe angeben, nachstellt, wenn sie distinguierenden Sinn haben (z. B. δ 14 b. congnoistre un fil *blanc* d'un fil *noir*), stellt er sie vor das Substantiv, wenn dies die affektische Attribuierung gestattet:

e 12 a. de leur *blanc* poil; — g 9 a. ses *blons* cheveux; — e 3 a. la *rouge*
face; — III 1588 B. ung *noir* Ethiopien.

Ebenso sind affektfähig die Abjektive, die in folgenden Beispielen dem Substantiv vorangehen:

e 1 b. toute l'*evangelique* doctrine; — b 2 a. *merveilleux* mistere de crestienne foy; — G. III 1585. en autres *condamnables* maniéres; — h 7 b. tes *mensongieres* parolles; — δ 8 a. par cette *fantastique* invencion; — a 8 a. le *publicque* prouffit; δ 6 a. de ceste *sophistique* esperance; — b 1 b. les *mondaines* passions; — c 6 a. en *vergongeuse* fin; — f 7 a. nulles *materielles* armes; — i 3 b. ton *oppro-bieuse* voix.

Die drei letzten Beispiele sollen gegen die Gesetze des Wohlklanges, die man in dem modernen Französisch beobachtet, verstoßen: was von diesen Gesetzen zu halten ist, haben wir genugsam hervorgehoben. Man hat sich nämlich zu erinnern, wie geziert und gekünstelt die Sprache Alain's Chartier und seiner Zeit ist, und hat auf Rechnung dieses Umstandes manche groben Härten des Ausdruckes zu setzen.

Hoepfner citiert sodann Beispiele, in welchen die Abjektive dextre, senestre, forain, étrange, mortel, terrestre und das Partizip benoit vor dem Substantiv stehen. Die zwei Abjektive mortel und terrestre nehmen leicht affektischen Sinn an und sind an anderen Stellen schon besprochen worden; die anderen vier Abjektive kommen im Altfranzöfiſchen viel öfter vor als im Neufranzöſiſchen und in einem etwas verſchiedenen Sinne: Benoit hat den Sinn des lateiniſchen benedictus (vénérable, estimable, salutaire); senestre, etrange und dextre ſcheinen die Mitte zwiſchen sinistre und gauche, étrange und étranger, dextre und droit einzunehmen. Gerade dieſe Adjektive werden in allen Abhandlungen, die ſich mit unſerer Frage befaſſen, als Ausnahmen angeführt. Bei Alain Chartier heißt es:

G. IV, 673 B. la *dextre* main; — 99 b a. *senestre* coste; — G. III 1599 B. en *étrange* contrée; — 1 7 b. des *forains* ennemis; — a 5 a. ce *mortel* corps.

Folgende Beiſpiele mit Partizipien ſind die bekannten, ebenfalls ſchon beſprochenen eigentümlichen Konſtruktionen, die auch heute noch üblich ſind:

a 14 a. les dictes dames; — g 8 b. de ce dit royaulme; — f 11 a. de la demande dessus *dicte;* — c 11 b. les trois dessus *escriptes* fantasiez; — 13 b. la dame dessus *descripte.*

Die übrigen von Hoepfner citierten Partizipien, die als Attribute vorangehen, könnten auch jetzt noch mit Affekt verbunden und vorangeſtellt werden:

g 6 a. a la *tres honnoree* magnificence; — g 6 b. de trop *oultrecuide* prouoire; — i 6 b. des *cuisans* poinctures; — b 6 a. *ouuerte* guerre; — c 2 a. par *dissolue* compaignie; — c 4 a. les hommes d'*eslu* entendement.

Drei von Hoepfner citierte Beiſpiele endlich würden wir wirklich im Neufranzöſiſchen kaum mehr nachahmen:

h 5 a. la *passée* habondance; — e 6 a. la *rommaine* cheuallerie; — i 10 b. es *rommaines* escriptures.

Auf dieſe drei Beiſpiele beſonders findet das oben von der Sprache Alain Chartier's Geſagte Anwendung.

Philippsthal citiert Beiſpiele aus dem XVI. Jahrhundert, in welchen er Ausnahmen erblickt, und zwar zunächſt Adjektive, welche die Farbe, die Geſtalt oder den Geſchmack angeben, und vorangehen. Daß derartige Eigenſchaften leicht mit Affekt gebraucht werden, haben wir ſchon geſehen (S. 58), und daß dies in folgenden Beiſpielen der Fall iſt, iſt leicht zu erkennen:

Rab. 67,13. Au reste avoit poil d'alezon toustade, entreillize de *grises* pommelettes (Fall a). — Brant. 142, 17. Lesquelz ayant estez par advant degradez de leur chapeaux et *rouges* cappes par le dict pape Jule (Fall a).

Es ſoll hier der angenehme oder erhabene Eindruck, den dieſe Farben machen, hervorgehoben werden.

Philippsthal erwähnt sodann etwa zwanzig Beispiele, in denen die Adjektive grand, beau, bon, long, haut, bas nachstehen:

Rab. 54,10: entrerent en la salle basse (Fall δ).

Man will hier nicht von einem niedrigen Zimmer, sondern von einem Zimmer, das im unteren Teile des Schlosses von Grandgousier sich befindet, sprechen: so würde man auch heute noch « partie basse » von « partie haute » unterscheiden.

Hept. I, 39,22. El souvent eslit les choses basses pour confondre celles que le monde estime haultes (Fall δ). Hier besonders tritt die eben erwähnte Unterscheidung klar hervor.

Monl. 167,19. qu'est sur un lieu haut (Fall α). Es muß hier « lieu haut » heißen, da in « haut lieu » das Adjektiv im übertragenen Sinn (wertend) aufgefaßt werden müßte.

Brant. 15,20. il voulut empescher le senat de luy donner la charge en l'aage jeune où il estoit (Fall α). Es kann hier von einer Ausnahme gar nicht die Rede sein, da wir auch im Neufranzösischen nicht « en le jeune âge » sagen würden.

Brant. 245,4. c'estoit un prince jeune qui promettait beaucoup. Man will nicht einfach von einem « jeune prince » sprechen, sondern von einem Fürsten, der, obwohl noch jung, schon viel verspricht.

Rab. 58,12. Je ne les ay fait mie, mais les oyant réciter à dame grand que voyez les ay retenu en la gibbessiere de ma memoire. Es ist hier nicht die Rede von einer Dame, die groß ist in Hinsicht auf ihre Gestalt, auch nicht in Hinsicht auf ihre Stellung, sondern von einer Dame, groß in Betreff ihres Alters. Von einer älteren Dame hat Gargantua die Verse gelernt, die er eben hergesagt hat. Beweis dafür ist, daß es in demselben Kapitel (S. 59) heißt: « comme disent ces vieilles icy ». Ebenso verhält es sich mit dem Beispiel: (Rab. 42,9) comme disoit ma mere grand.

Rab. 433,22. les astres ne y feront influence bonne. Panurge sagt, daß die Ordnung im Weltall dadurch innegehalten wird, daß ein Teil von dem anderen abhängig ist; wäre dies nicht der Fall, so würde keiner mehr dem anderen dienstbar sein; die Gestirne würden wohl noch Einfluß ausüben, aber keinen guten Einfluß; somit ist der Sinn ein distinguierender.

In anderen von Philippsthal erwähnten Fällen ist die Rede von choses belles, choses petites, choses grandes, robe longue, Wendungen, die wir auch heute noch gebrauchen würden, wenn wir denselben Gedanken ausdrücken wollten; die dabeistehenden Substantive würden den affektischen Sinn des Adjektivs nicht zulassen.

§ 4.
Mehrere Adjektive bei einem Substantiv.

Wenn mehrere Attribute bei einem Substantiv stehen, so sind zwei verschiedene Fälle zu unterscheiden: entweder stehen die Adjektive zu einander in einem koordinierten Verhältnis, ober das eine ist bem anbern suborbiniert.

A. Wenn das eine Adjektiv bem anbern suborbiniert ist, so stellt bas Neufranzösische entweber bas suborbinierte Abjektiv vor bas Substantiv unb bie anberen hinter basselbe, ober sämtliche Abjektive vor ober sämtliche nach, aber so baß bas suborbinierte immer am nächsten bei bem Substantiv steht. Die Konjunktion « et » wirb nicht gesetzt.

Dieselben Konstruktionen finben sich auch im Altfranzösischen vor.

a) Ein Abjektiv steht vor bem Substantiv, bas anbere nach bemselben:

Vill. 13. *bones* chartres pendanz; — Vill. 48. de *bone* gent armée; — Henri de V. 692. *biaus* mos polis; — Joinv. 38. *grand* mal apert; — Joinv. 89. *nulle* riens terrienne; — Joinv. 133. de *bone* escarlate fine; — Joinv. 169. les *bones* coustumes anciennes; — Joinv. 190. *diverses* bestes sauvaiges; — Joinv. 237. sus un *bas* cheval bien fourni; — Joinv. 394. uns *sages* hom sarrazins; — Joinv. 659. de *bons* vins fors et clairs; — Joinv. 661. aucun *riche* home estrange; — Joinv. 722. à *pauvres* femmes veuves; — Roman de Berthe 1964. un *biau* pré fleuri; — Roman de Berthe 2590. la *grand* tour quarnelée; — Roman de Berthe 3169. le *bon* roi droiturier; — Chart. b 8 a. ung *vertueux* roy catholique; — Chart. e 2 f. a *vraie* amour loialle; — Chart. b 11 a. des *hastifz* desirs humains; Chart. g III 1588 A. à la *pauvre* créature misérable; — Chart. d 16 a. *vile* créature indigne de recongnoistre; — Auc. et Nic. 19,5. un *viés* sentier anti; — Auc. et Nic. 6,36. les *beles* dames cortoises; — Auc. et Nic. 1,3. de deus *biax* enfans petis; — Auc. et Nic. 24,13. une *viés* voie herbeuse.

Wie an jebem bieser Beispiele leicht ersichtlich ist, brückt bas vorangestellte Abjektiv irgend eine Wertung aus, währenb bie nachgestellten unterscheidenb bie Art angeben.

b) Beispiele, in benen beibe Abjektive vor bem Substantiv stehen:

Berthe 340. l'orde *vielle* sorciere; — Berthe 707. un *viez petit* mur; — Joinv. 689. des *mauvais riches* hommes; — Auc. et Nic. 26,4. *biax doux* amis; — Auc. et Nic. 14,3. *bele douce* amie; — Chart. a 7 b. tant d'*anciens saiges* philosophes; — Chart. l 2 b. *sainte catholique* religion; — Chart. i 3 b. des *jeunes nobles* hommes; — Chart. b 15 a. sa *désirée vaine* gloire; — Chart. i 4 a. à tes *grans chargans* parolles.

Diese Abjektive sind sämtlich wertende Attribute; auch « catholique » kann in Verbindung mit « sainte » als solches betrachtet werden.

c) Beispiele, in benen beide Abjektive auf das Substantiv folgen: Chart. b 5 a. sur son peuple très crestien tant desole; — Auc. et Nic. 38,14. un roi rice paiien (« paiien » ist als Apposition zu betrachten). In diesen Beispielen werden beide Abjektive als unterscheidende Bestimmungen aufgefaßt.

B. Wenn ein Substantiv von mehreren Abjektiven begleitet ist, die zu einander in einem koordinierten Verhältnis stehen, dann werden sie im Neufranzösischen sämtlich vor oder sämtlich hinter das Substantiv gestellt, aber immer mit « et » verbunden oder durch Kommata getrennt. Wie man leicht fühlt, giebt das zweite Abjektiv eine von dem Nebenben als wichtiger hervorgehobene Eigenschaft an.

a) Es kommen ziemlich häufig Beispiele vor, in benen mehrere Abjektive nachstehen: Vill. 174. assaut *grand* et *merveilleux;* — Vill. 273. qui ère uns chevaliers de Flandres mult *granz* et *mult vaillanz;* — Vill. 372. l'ariere garde *mult bien* et *mult biel;* — H. de Val. 659. plances *longhes* et *estroites;* — Joinv. 197. uns venz *griez* et *forz;* — Joinv. 699. de *bons* vins *fors* et *clers;* — Joinv. 717. gaiges *bons* et *granz;* — Berthe 741. un poi *pesans* et *sale;* — Berthe 558. gent *mauvaise* et *amere;* — Berthe 3196. à penne *bonne* et *chiere;* — Men. de Reims 477. ot conseil *bon* et *loial;* — Men. de Reims 441. chevaucheures *beles* et *riches;* — Men. de Reims 331. chevaliers et *preuz* et *loiaus.*

Die Voranstellung wäre in diesen Beispielen möglich; aber die Abjektive stehen bei Substantiven, die mit ihnen zu Artbegriffen sich zu vereinigen vermögen.

b) Etwas seltener kommen die Fälle vor, in welchen beide Abjektive vorangehen: S. Grég. 7,9. des *parfiz* et des *aloseiz* hommes; — S. Grég. 7,10. les *bons* et les *feoz* hommes; — Chart. a 6 a. *arrogantes* et *rioteuses* paroles; — Chart. c 5 a. les *liberales* et *franches* personnes; — Chart. a 6 b. de *folles* et *dissolues* femmes; — Chart. h 9 b. une *oultrageuse* et *desloyalle* folie.

Diese sämtlichen Abjektive sind Wert bezeichnende Attribute.

Es kommt nun im Altfranzösischen bei koordinirten Abjektiven noch eine dritte Konstruktion vor, nämlich die, welche ein Abjektiv vorangehen und die übrigen folgen läßt mit « et ». Diese Konstruktion ist aus dem Neufranzösischen verschwunden: Maetzner citiert nur Marie de France und Olivier Maillard dafür. Nun aber kommt gerade diese Konstruktion im Altfranzösischen am häufigsten vor; sie verschwindet allmählich, so jedoch, daß im XVI. und selbst im XVII. Jahrhundert noch einzelne Fälle zum Vorschein kommen

— 75 —

(f. Maetzner, § 382; Hoepfner, S. 64; Haafe, 134; Groffe, 249 [Syntaktifche
Stubien zu Calvin. Herrig's Archiv, Bb. 161]; Glauning, 419 [Verfuch über bie
syntaktifchen Archaismen bei Montaigne, Herrig's Archiv, Bb. 49]).
Hier einige Beifpiele:
Vill. 65. je sui *vialz* hom et febles; — Vill. 78. mult *bel jor* et mult cler;
— Vill. 208. altrez *petiz* paiemenz et povres; — Vill. 212. *bel* dame et bone; —
Vill. 269. *mult bone* citez et riche; — Vill. 291. *bons* chevaliers et proz; — Vill. 290.
bons clers et mult sages; — Vill. 315. *mult halt* home et mult riche; — Vill. 282.
qui ere uns des *plus fors* chastiaus de Romenie et uns des plus riches; — H. de
Val. 574. *sage* chevalier et loial; — H. de Val. 576. *laide* cose et vilaine; —
H. de Val. 592. si *fort* tans et si cruel; — Joinv. 55. *bon* droit et hastif; —
Joinv. 252. *laides* gens et hydeuses; — Joinv. 364. *viex* hom et anciens; — Joinv. 73
unb 118. *bonne* vie et longue; — Joinv. 58. en *droite* voie et en raisonnable; —
Chart. h 10 a. leurs *pluschiers* aournemens et naturelz; — Chart. g 6 a. *saincte*
vie et honneste; — Chart. g 5 b. *très bon et très notable* office et proufitable; —
Chart. h 9 b. *très louable* vertu et digne de mémoire perpetuelle.

In allen biefen Beifpielen könnten beibe Abjektive vor bem Substantiv stehen, ba
sie alle mehr ober weniger Wert angebenbe Attribute sinb. Allein bie nach bem Substantiv
stehenben Abjektive sinb auch fähig mit bemfelben einen Artbegriff zu bilben. Jeboch liegt
hier noch ein anberer Grunb für bie Nachstellung vor. Die Abjektive werben in biefen
Fällen nachträglich bem schon qualificierten Substantiv noch beigelegt, um entweber bie
burch bas vorangehenbe Abjektiv ausgebrückte Eigenschaft zu verstärken, ober eine zweite,
von ber erften verschiebene Eigenschaft, burch welche jeboch bie erfte wieberum bestätigt
wirb, hinzuzufügen. Es bilbet biefe Konstruktion eine rhetorifche Figur, bie man etwa
« Correctio » nennen bürfte: Nachbem man ben Gegenstanb mit ber erften Eigenschaft
genannt hat, bemerkt man gleichfam, baß man nicht genug ober nicht alles gefagt hat,
unb fügt bann ein zweites Eigenschaftswort hinzu. Das zweite Abjektiv steht baher
gleichfam parenthetifch. In ber neufranzöfifchen Schriftfprache würbe man faft regelmäßig
alle Abjektive vor bas Substantiv stellen unb fagen: Une bonne et belle dame; une
bonne et riche citée. In ber gewöhnlichen Umgangsfprache jeboch könnte biefe Konstruktion
auch jetzt noch vorkommen; babei würbe man vielleicht burch eine befonbere Betonung zu
verstehen geben, baß man befonbers auf bas zweite Abjektiv viel Gewicht gelegt, ba es
eine Verstärkung ober Mobificierung enthält. Es ift bies ein neuer Beweis bafür, baß
ber Stil ber alten franzöfifchen Schriftsteller ihre gewöhnliche Umgangsfprache wieber-
fpiegelt.

§ 5.

Adjektive von Adverbien begleitet, oder im Comparativ oder im Superlativ stehend.

Von Adverbien begleitete Attribute kommen im Altfranzösischen seltener vor als in der modernen Sprache; meistens sind es nur die Adverbien «mult» und «si», mit welchen das Adjektiv fast immer vor dem Substantiv steht, da sie in diesem Falle den Wert eines Superlativs haben. Sonst läßt sich ein Einfluß der Adverbien auf die Stellung der Adjektive nirgends erkennen.

Hier einige Beispiele:

Vill. 195. dedanz *si cort* terme; — Vill. 222. or oiez si onques *si orrible* traïsons fut faite; — Vill. 402. un *mult plentereus* leu; — Vill. 403. une *mult bele* prairie; — S. Grég. 5,1. *mult grandes* moises; — S. Grég. 5,9. mes *tres ameiz* fils; — S. Grég. 26,1. menat vie *nient moinement religieuse;* — S. Grég. 8,9. *mult honorables* vielhars; — S. Grég. 6,25 und 23,5. li *tot poissans* deus; — S. Grég. 6,2. *si bele* feme; — S. Grég. 29,13. uns *tres corz* luis; — S. Grég. 29,8. un *mult aspre* pere.

Die Comparative und Superlative weichen weder in ihrer Konstruktion noch in ihrer Stellung von dem Neufranzösischen ab. Der Superlativ steht entweder vor, oder mit wiederholtem Artikel nach dem Substantiv:

Vill. 27. le baron de France *le plus halt* et *le plus poesteif;* — Vill. 25. et le conseils ere de quarante homes *des plus sages* de la terre; — Vill. 265. uns *des plus poissiez* chevaliers dou monde; — Vill. 65. à *la meiloz* gent dou monde; — Vill. 60. *la graindre* partie des barons; — Vill. 70. une *des plus granz* merveilles et des *greignors aventures* que vos onques oïssiez; — Q. Rois. 18. en *la plus privée* partie; — Joinv. 541. li *plus griez* tourmens; — Joinv. 267. li *plus fermes* crestiens; — S. Grég. 6,12. *plus griez* chose; — S. Grég. 10,20. li *tres redotables* beirs.

Da Comparative und Superlative zusammengesetzte Ausdrücke, also zusammengesetzte Satzglieder sind, so sind sie überhaupt nur an ihre Beziehungsweise, nicht aber an eine bestimmte Stelle gebunden.

V.

Die Stellung des Adjektivs im Lateinischen.

Wenn sich im Vorstehenden ergeben hat, daß schon im Altfranzösischen die Regel der doppelten Stellung des Adjektivs, wie sie im Neufranzösischen besteht, durchgeführt ist, so drängt sich die Frage auf, ob sie erst auf französischem Boden erwachsen und nicht vielmehr schon eine Eigenheit lateinischer Sprachweise gewesen ist. Für die letztere Auf- fassung spricht nicht nur die Parallele zwischen Altfranzösisch und Latein, wie sie bei Erörterung der altfranzösischen Uebersetzungstexte (Quatre Livres des Rois, Dialogues de S. Grégoire u. a.) hervortrat, sondern auch das Zusammengehen der meisten romanischen Sprachen mit dem Französischen in der Stellung des attributiven Adjektivs, wie dies schon aus den bei Diez III, 432 ff. angeführten Beispielen der italienischen, spanischen und portugiesischen Sprache zu entnehmen ist, und bei einbringender Unter- suchung dieser Sprachen noch deutlicher hervortreten würde, so daß auch hier von „antiker Freiheit", die Diez noch anerkennt, nur im Sinne einer auf äußerliche Kennzeichen gerichteten Untersuchungsweise gesprochen werden konnte.

Eine mehrseitige eigene Prüfung gewisser lateinischer Texte des Alterthums, besonders Cäsars, ergab denn auch, daß für die Stellung des lateinischen Adjektivs in den Werken nicht pathetisch schreibender Schriftsteller, bei denen die stilistische Absicht in jedem einzelnen Falle zu erkennen gesucht werden muß, mit gleicher Deutlichkeit die oben entwickelten Stellungsregeln sich als wirksam erweisen. Es ließen sich dafür Stellungen z. B. aus Cäsars Gallischem Kriege anführen, wie I c. 2 agrum Helveticum, c. 6 Kalendas Apriles, c. 7 in Galliam citeriorem, c. 8 locis superioribus occupatis, c. 14 deos immortales ꝛc., wo das distinguierende Adjektiv dem Substantiv folgt; oder I c. 2 magno dolore afficiebantur, c. 3 per tres potentissimos ac firmissimos populos, c. 6 bono animo, c. 7 maximis itineribus, c. 7 inimico animo, e. 12 incredibili lenitate, c. 16 tam propinquis hostibus, wo das affektische Adjektiv vorangeht. Hierdurch werden Fälle ver- ständlich wie: I c. 1 fere cotidianis proeliis, c. 1 extremis Galliae finibus, c. 3 proximis civitatibus u. a. m., bei denen die Beachtung des affektischen Elementes der Rede erst den Gedanken und die Absicht des Schriftstellers in seiner vollen Geltung zu Tage treten läßt.

Noch charakteristischer vielleicht sind die Beispiele, welche das Spätlateinische auf- weist (s. Du Cange, Glossarium ad scriptores mediae et infimae latinitatis. Paris 1733, I, 139 ff.): Praetori peregrino, adjutores memoriales de Scriniis, adjutorium generale,

vitam aeternam post mortem, cervum lassum, pectinem eburneum, dominorum secula-
rium, beneficii ecclesiastici, passerem parietinum, articulos admissibiles u. f. w. Abjektive
wie officialis, administralis, secularis, dormitorarius, silentiarius, botellarius u. f. w.
ſtehen in ben Chartae, Statuta Ecclesiarum unb anberen berartigen Schriften ber
ſpäteren Zeit immer nach. Boran geht bagegen bas Abjektiv in Beiſpielen wie: soler-
tissimam providentiam, bonum adjumentum, dulcissima gratia vestra, per veram et
certissimam clericorum probationem, nulla ecclesiastica persona, admenta haereticorum
venenorum, non manipularis sententia, extremarum unctionum, fortes et bonos equos,
praecipuum laborem u. a. m.

Statt hier jeboch bie eigenen Beobachtungen, bie eine Darlegung in faſt bem-
ſelben Umfange wie bie voranſtehenbe erforbern würben, mitzuteilen, kann glücklicherweiſe
auf eine während ber Ausführung bieſer Unterſuchung veröffentlichte Specialſchrift hin-
gewieſen werben, bie ein genügenbes unb ziemlich georbnetes Material zur Berfügung
ſtellt, um ben Zuſammenhang zwiſchen franzöſiſcher unb lateiniſcher Abjektivſtellung unb
bas Walten berſelben Regeln im Lateiniſchen barzuthun; babei geht bieſelbe jeboch von ganz
anberen Geſichtspunkten aus als bie unſere, ba ſie vorwiegenb ſtatiſtiſch verfährt. Es iſt
bie Schrift von Ern. Albrecht: De Adjectivi attributivi in lingua latina collocatione
specimen, Marburg 1890. Sie verbreitet ſich über bie altlateiniſchen Geſetze, Cato
de Re Rustica etc., Cornificius, Ciceros Briefe, Petronius u. f. w. Von Dichtern „quoniam
ut metro postulatur vocabula locantur“ wirb gelegentlich nur Plautus herangezogen.
Durch bieſe Unterſuchung werben bie vorangegangenen einbringenben Monographien
über ben Gegenſtanb wie z. B. von Rohbe, Adjectivum quo ordine apud Caesarem
et in Ciceronibus orationibus coniunctum sit cum substantivo examinavit Rohde,
Hamburg 1884; Rohbe, Adjectivum quo ordine apud Sallustium ... Hamburg 1887;
Reckzey, Ueber grammatiſche unb rhetoriſche Stellung bes Abjektivs bei ben Annaliſten,
Cato unb Salluſt, Berlin 1888, zu einem gewiſſen Abſchluß gebracht, ohne baß ſie freilich
burchgebrungen wäre bis zu ben letzten Urſachen ber beobachteten Erſcheinungen; bieſe
laſſen ſich aber ohne Mühe aus ben Zuſammenſtellungen entnehmen. Wir folgen beren Dar-
legungen unter begleitenben Bemerkungen möglichſt auf Schritt unb Tritt.

Bei Cato, de Re Rustica, ſtehen nach bem Subſtantiv (S. 21):

1. von Subſtantiven abgeleitete Abjektive, wie aeneus (z. B. vas), ferreus (z. B. clavus),
plumbeus (z. B. cortina) u. f. w.; aquarius (z. B. urceus), arborarius (z. B. falx),
articularius (z. B. morbus), rusticus (z. B. villa), silvaticus (z. B. laurus) u. a. m.

2. von Verben abgeleitete Abjektive, im Sinne eines aktiven ober paſſiven Parti-
zipiums, z. B. assarius (sc. daps), caeduus (sc. silva), torculus (sc. vas) u. a. „Ea adj.
significant quomodo facta sit aut se habeat aut adhibeatur res aliqua“ (S. 23).

3. „Adjectiva aliquam speciem significantia", z. B. albus (sc. vitis), ater (sc. vinum), dulcis (sc. aqua) u. a. m.

4. Bon Eigennamen abgeleitete Abjektive, „quae aliquid subst. addunt, quo una species ab altera *distinguitur*" (S. 24), z. B. malum Punicum, jugum Romanicum, sal Romaniensis u. a. m. — A. erkennt bei diesen in 325 Fällen nachgestellten 137 Abjektiven (S. 24) mit Recht den Grund der Nachstellung darin, ut unius rei species ab altera aut tertia *distinguatur*. Es sind ihrer Bildung nach Artunterschiede angebende Abjektive. Bon den scheinbar vorhandenen Ausnahmen finden zwei ihre Erklärung durch den „Gegensatz", den der Verfasser zwischen Unterarten feststellt, eine andere durch symmetrische Satzform, eine weitere durch die Verbindung, in die das Abjektiv mit einem sonst vor dem Substantiv stehenden Abjektiv auf osus gebracht ist, eine fünfte und sechste sind ungesichert; in zwei weiteren Fällen handelt es sich um eine Aufzählung von Eigenschaften; eine unerklärte Stellung nimmt nur „subjugum in aratrum . . ." ein (S. 26). Die übrigen geprüften Texte von den Gesetzen bis auf Petronius zeigen dasselbe Verhalten bei jenen Abjektivklassen (S. 26—29). In Ausnahmsfällen bei Cicero (S. 28) handelt es sich um einen Gegensatz des Abjektivs zu einem anderen Glied des Satzes; zu den Fällen bei Petronius sagt A. selbst: Adj. vi effertur (S. 29). Vollkommen begreift sich, daß familiaris, militaris, divinus, publicus (S. 29) dem Allgemeinbegriff res immer nachgestellt wird, ebenso alienus bei aes (S. 29); wo sie vor anderen Substantiven auftreten (S. 29, 30), lenkt der Verfasser in subjektiver Beurteilung überall sichtlich die Aufmerksamkeit des Lesers auf den Abjektivbegriff. Völlig stimmt A. ferner mit unserer Auffassung überein, wenn er die gelegentlich auftretende Voranstellung eines Abjektivs wie Romanus, Graecus (Romano more, Graecus versus) dahin deutet, daß der Schriftsteller hier die betreffenden voces ita coniunxit, ut et superbiam quandam amoremque Romanorum rerum et suum in Graecos mores fastidium patefaceret, quod optime ex his dictis elucet . . . (S. 31). Von einer kleinen Zahl ähnlicher Fälle in Ciceros Briefen und bei Petronius, die A. anführt, giebt er vorsichtig zu, daß jene Absicht nicht immer sicher erweisbar sei (S. 31—33), was für die heutige Zeit selbstverständlich nicht verlangt werden kann, wenn das Interpretationsmittel vom Schriftsteller selbst nicht an die Hand gegeben wird. Jedenfalls ist aber ebensowenig an irgend einer jener Stellen die Absicht bloßer Unterscheidung erkennbar. Wohl begründet ist die ständige Nachstellung des Abjektivs in Ausdrücken wie Juppiter optimus, maximus, dii immortales (während immortalis bei anderen Substantiven auch vorangestellt werden kann, z. B. immortales gratias (S. 33, 34). Und wenn bei Cicero u. a. verus, recens, multus (Zahlbegriff cf. S. 40) öfter vor als nach stehen, bei Cato häufiger oder immer nach, so versteht sich dies vollkommen aus dem Unterschied zwischen dem Epistelschreiber und Rhetor gegenüber dem eine Lehrschrift

in schlichtem Stil darbietenden Cato; dieser Unterschied beruht also auf der Stilart, nicht aber auf der Willkür der Autoren, die keineswegs dasselbe bei verschiedener Stellung ausdrücken, wie A. anzunehmen geneigt scheint (S. 34). In der Aufzählung von Abjektiven bei Cato (S. 35), die sinnfällige Eigenschaften bezeichnen: caldus (sc. locus), frigidus, purus, acerbus u. dgl., die wegen des unterscheidenden Merkmals, das sie hinter dem Substantiv bezeichnen, nachstehen müssen, finden sich leicht erklärliche Ausnahmen, wie in caldissimis locis (Superlativ!), acerbissima olea, lenis flamma, matura olea („ubi adj. vi effertur, ut in enuntiato praecedente: quam acerbissima olea“).

Wenig sicher sind die Kategorien der Abjektiva, die „gemeiniglich“ vorangestellt angetroffen werden (S. 40 ff.), wenigstens scheinbar nach Albrechts Aufzählung, der ebenfalls von einem feststehenden Begriff des Abjektivs ausgeht und nicht berücksichtigt, daß bei der Abjektivstellung ebenso sehr der Begriff des Substantivs zu beachten ist. Wir stellen hier an die Spitze seine 4. Begriffsreihe: „Bezeichnungen von Eigenschaften, die einer Person oder Sache zur Zierde oder Unzierde gereichen" — also nach unserer Benennung Abjektive mit affektischem Wertbegriff — wie bonus, melior, optimus (St. 76), malus, peior, pessimus, deterior (S. 78), iustus, iniustus (S. 79), pius, impius, nefarius (S. 79), probus, improbus (S. 80), constans, inconstans, diligens, neglegens (S. 80), benevolus, malevolus, clemens, mitis, mansuetus, insolens, atrox, crudelis, sceleratus, perditus, gratus, ingratus (S. 81), suavis, iucundus, honestus (S. 82), pudicus, amoenus, obscoenus, pulcher, foedus, taeter, fortis (S. 83), clarus praeclarus (S. 84), turpis, insignis, insignitus, excellens, eximius, illustris (S. 85), praestans, egregius (S. 86). Dazu gehören noch: iniquus, periniquus (S. 87), priscus (S. 90), pravus (S. 92), mirus, admirabilis (S. 93), firmus, infirmus, tristis, laetus (dagegen distinguierend: agro sicco per sementim, agro laeto per ver), acerbus (übertragener Sinn) (S. 95), virilis, muliebris, puerilis, vulgaris, popularis, domesticus (S. 97). Natürlich, daß auch diese Abjektive, wie die entsprechenden Begriffe im Französischen heute noch, bei Substantiven angetroffen werden, bei denen die affektische Seite des Abjektivs nicht berücksichtigt wird und die eine ethische oder ästhetische Artdifferenzierung vertragen. So sind jene Fälle zu erklären, von denen der Verfasser keine Rechenschaft geben zu können glaubt (S. 76), wie fide bona neben bona fide, spe bona neben bona spe, in appositionellen Angaben wie Q. Turius ... vir bonus et honestus u. s. w.; bei civis optimus (S. 77), oder im Falle des Chiasmus: homines rusticos, sed fortissimos viros civesque optimos, wo aber nicht bloß die Anwendung einer rednerischen Figur Platz greift, ohne daß die Empfindungen und Gedanken des Schriftstellers zur Geltung kämen, sondern mit den Substantiven wertend oder distinguierend

Eigenschaften verbunden werden, bei benen der Schriftsteller sein moralisches Urteil zu erkennen giebt. Die zahlreichen übrigen Beispiele (S. 78 ff.), bie unmöglich hier alle angeführt werden können, bie aber für bie stilistische Erklärung lateinischer Schriftsteller von Belang sinb, sinb von berselben Art. Man versteht, baß in ben „Gesetzen" von dolus malus (S. 78), anderwärts von quoddam officium iustum et pium et debitum (S. 79) gesprochen wirb unb Comparative unb Superlative unb superlative Ausbrucksarten ebenso gut nach- wie vorangestellt werden, ba hier in ber Wortform schon ausgebrückt wirb, was beim Positiv burch Voranstellung zu erreichen gesucht werden muß, nämlich bie subjektive Wertschätzung von Person ober Sache (vgl. S. 82, 83, 85). Solche superlative Ausbrücke werden auch unter II: „Begriffe ber Größe, Höhe, Weite" (S. 54 ff.) angeführt: celsus, excelsus, immensus, infinitus (S. 70), amplus (S. 69), tantus, exiguus (S. 67), ingens grandis (S. 66), nimius, permagnus (S. 65), unb ebenso unter III: „Zeitbezeichnungen" (S. 70 ff.): aeternus, diuturnus, sempiternus, diutinus (S. 70), perennis (S. 72); „Ortbestimmungen": interior, intimus, inferior, infimus (S. 73), extremus (S. 74), (vgl. bie sehr richtige Erklärung bes „Cappadocia extrema", S. 74); ulterior, superior etc. (S. 74), proximus (S. 75), (natürlich adgnatus proximus in ben leges), posterior, postremus, prior etc. (S. 75); besgleichen in Abteilung I: „Zahlabjektive": plures, plurimus, plerique, permulti (S. 42), complures, nonnulli (S. 43), pauculi (S. 44), universus, innumerabilis, tot (S. 50), totidem, nullus (S. 51), totus (S. 53); ferner unicus (S. 93), singularis (S. 93), solus (S. 54). Gewisse Zahlabjektive mit relativer Zahlangabe haben, je nach bem Sinne, in bem sie stehen, wechselnbe Stellung; sie bleiben für uns außer Betracht (vgl. bei A. S. 77 ff.: multus S. 40 ff., aliquot S. 43, pauci S. 44, omnis S. 45, cuncti S. 50, dimidius, duplex S. 54). Von ben von A. nicht klassifizierten Abjektiven (S. 86 ff.) zeigen, vermöge ihres zweifachen Begriffes ober ihrer boppelten Verwendbarkeit je nach bem Begriff bes Substantivs, beide Stellungen: aequus S. 86 (animo aequo, wo auf ben Gegensatz reflektiert wirb), novus S. 87 (novas necessitudines, aber in aulam novam, linteum novum u. bgl.), recens S. 88 (recenti adventu, aber casei recentes), vetus S. 88, vetustus, pervetus (vetus amicitia, aber plostrum vetus, vinum vetus), veteranus S. 89 (veteranus latro, aber exercitus veteranus), antiquus S. 90 (antiquus hospes, aber oppida Dalmatiae antiqua), gravis S. 90 (gravis morbus, aber poena gravis), ebenso levis S. 90, difficilis S. 91 (in difficilem modum, aber mare difficile), ebenso facilis S. 91, falsus S. 91 (falsi rumores, aber in ben Gesetzen si vindiciam falsam tulit), rectus S. 92 (rectae voluntatis, aber via recta), verus S. 92 (verum decus, aber amici veri), mirificus S. 92 (mirificus civis, aber casus mirificus quidam), incredibilis S. 93 (incredibilem voluptatem, aber opinionis incredibilis), miser S. 95 (miseris temporibus, aber von Personen

11

puero misero, misero puero wäre gemein), acer S. 95 (contentio est oratio acris,
Definition!), commodus S. 96 (commodae inventiones, aber elocutio commoda),
idoneus S. 96 (navem idoneam), dubius S. 96 (dubium genus = nicht erkennbar,
spem non dubiam = nicht zweifelhaft), contrarius S. 96 (contrariam rationem, sen-
tentiae contrariae), varius S. 96 (varios sermones = mehrere von verschiedener Art,
in sermone vario = in mannigfaltiger Rede), plenus S. 97 (perfectam et plenam
argumentationem, aber manu plena), paternus S. 97 (paternam amicitiam, aber
beneficia paterna), privatus S. 98 (loco privato), communis S. 98 (communis miseria
neben jure communi), civilis S. 99 (pro civili parte, aber jus, bellum civile), forensis
S. 99 (forensibus ministeriis, aber regno forensi), alienus (alieni sensus, aber aes
alienum). Derselben zweifachen Stellung sind auch die Abjektive der Abteilung 1. bei A.
fähig: reliqui S. 44 (= ceteri, alii, f. S. 45 und 99, vor, oder = übrig geblieben,
nach, z. B. reliquum tempus, aber spes reliqua), zu creber und frequens f. A. selbst
S. 51; simplex S. 54 = schlicht, vor: simplicem atque dilucidam expositionem; = eins,
nach: rei totius memoriam saepe una nota et imagine simplici comprehendimus),
magnus und dessen Steigerungsformen S. 54 (in Cicero's Briefen 424 Mal vor, 57 Mal
nach); hier wird von A. auch der Begriff des Substantivs herangezogen und festgestellt,
daß magnus voran steht bei fructus, usus, beneficium, merces, praemium, adiumentum,
levatio, auxilium, subsidium, praesidium, benevolentia, commendatio, utilitas, aus-
nahmslos Substantive, bei denen der räumliche Größenbegriff des magnus unverwendbar
ist; nur im Sinne von „sehr groß", d. h. in hohem Maße, steht magnus nach Analogie
der superlativischen Wörter auch nach solchen Substantiven; z. B. meamque commen-
dationem usui magno sibi fuisse u. dgl. — Weiter gehören zu jenen Substantiven,
denen magnus vorangehen muß: (S. 56) malum, damnum, detrimentum, molestia,
impedimentum, periculum, difficultas, discrimen, iniuria, maleficium, incommodum,
honor, laus, gloria, virtus, dignitas, auctoritas, gratia, ornamentum, decus; (S. 57)
contumacia, contumelia, infamia, convicium, invidia, dolor, luctus, sollicitudo, timor,
metus, terror (ohne Ausnahme); (S. 58) spes (magna wie maxima), consolatio,
solatium, voluptas, gaudium, laetitia, delectatio, cura, studium, contentio, negotium,
labor, diligentia, industria, occupatio, officium (jedoch officia magna et mutua),
meritum; (S. 59) humanitas, pietas, liberalitas, probitas, necessitudo, coniunctio,
familiaritas, amicitia (ohne Ausnahme); (S. 60) pondus (Einfluß), onus, opus, modus
(ohne Ausnahme), prudentia, consilium, scientia, eloquentia, cogitatio (ohne Ausnahme), animus (auch animo sim magno), ingenium; (S. 61) multitudo, numerus,
copia, copiae, cumulus (Schar), manus (Mannschaft), turba, equitatus, exercitus,
pars (natürlich auch copiae magnae = copiae, et quidem magnae von A. richtig

erflärt); (S. 62) clamor, rumor, plausus, consensus, vox, silentium (ohne Ausnahme);
(S. 62) bellum, tumultus (auch bellum magnum), res, causa, worüber Redzey
ganz richtig sagt: Besonders häufig wechselt das Abjektiv seine Stelle in Verbindung
mit den Substantiven res, locus, animus, Wörtern, die wegen der ihnen eignenden
weiten Begriffssphäre vielfach erst durch die abjektivische Beifügung Wert und Bedeutung
erhalten (A. S. 63). Ebenso richtig erkennt A., daß im Gegensatz zu dieser Stellung
des Abjektivs magnus bei Abstrakten bei Cato Nachstellung stattfindet „ea de causa,
quod alteram speciem ab altera distinguit" (S. 63), d. h. es kommt hier der räumliche Größenbegriff zur Anwendung, der bei räumlichen Dingen selbstverständlich unterscheidend wirkt, z. B. plostra maiora, caule magno u. dgl., mare magnum (S. 64) u. a.
Nur der Vollständigkeit wegen ist noch darauf hingewiesen, daß auch die Gegensätze zu
magnus 2c.: parvus, minor 2c., sich dem fügen (parva laus, trabes minores, frater
minor, S. 66), während minusculus immer (concret) nachsteht (S. 67 cupulae minusculae);
ebenso pusillus (pueros pusillos); desgleichen longus als Raumbegriff, S. 68 (viam
longam, pediculo longo), brevis S. 69 (via breviore, aber brevis expositlo), altus
(herbam altam), angustus (via angusta), amplus (funus ei satis amplum, aber satis
amplum patrimonium). Berichtet wird endlich, daß specifische Eigenschaftsbezeichnungen
wie cotidianus, pristinus, praesens (S. 71), futurus u. dgl. (Seite 72), die nur wenige
Substantivbegriffe zu distinguieren vermögen (sermo cotidianus, consuetudo pristina,
tempus praesens u. dgl.), hinter dem Substantiv selten auftreten; ebenso medius, dexter,
sinister (S. 73), wofür bei A. die Beispiele wenig zahlreich sind.

Daß nun andere Gründe als die Absicht und die Möglichkeit zu distinguieren die
gelegentliche Nachstellung der hier angeführten Abjektive bewirken, wie A. S. 36 ff. dar-
thut, ist zu bestreiten. Ueber den Fall des Chiasmus ist schon oben (S. 80) das Nötige
gesagt worden; von dem Superlativbegriff ist ebenfalls die Rede gewesen (S. 81).
Außerdem soll die Nachstellung zum Grunde haben: 1. „ut adj. praecipua vi efferatur";
aber z. B. genus novum steht einer alten Art, conclusiones breves, den ausgedehnten
Schlüssen gegenüber (S. 36); sempiternus zählt zu den superlativen Ausdrücken, die mit
großer Wirksamkeit (wie in den romanischen Sprachen) nachgestellt werden. 2. soll sie
durch den Gegensatz eines Substantivs zum anderen veranlaßt werden: es handelt sich
aber nur um Fälle superlativen oder zahlmäßigen Ausdrucks, wie nullus und aliquot.
3. bei Aufzählungen: die Aufzählung ist aber eine logische Operation, daher in solchen
Fällen nur Species angeführt werden. 4. grammatikalisch, b. h. die Nachstellung soll wegen
der Wortbeziehung nötig werden; beigebracht werden Fälle mit Comparativen (recepi hospitem
Lycurgo crudeliorem) und Superlativen; sie gehören also zu dem eben besprochenen
Fall; sodann arbores crassas, wo aber unterschieden wird; sodann das relative Abjektiv,

z. B. civem dignum tuis laudibus, wo das Abjektiv selbst näher bestimmt wird, wobei zugleich immer auch der Begriff der Artbezeichnung zur Geltung gelangt. 5. soll sie bei Appositionen hinter Eigennamen erfolgen, z. B. P. Valerius, homo officiosus, b. i. wieder bei Artbeziehungen, Klassifizierungen. 6. bei Ausrufungen, z. B. o hominem acutum . . .; aber auch o gratam famam, o felicem matrem wird gesagt, woraus erhellt, daß der affektische oder distinguierende Wert des Abjektivs allein über die Stellung desselben in der Exclamation unterscheidet. 7. dem Superlativ soll mit Vorliebe die zweite Stelle gegeben werden, dem Positiv die erste. Es wird hier allein auf ethische oder ästhethische Abjektivbezeichnungen Bezug genommen. Bei Nachstellung erscheint der Superlativ als ein vervollständigtes, durch Pause hervorgehobenes Satzglied und erhält daher in der That großes Gewicht, wie jedes andere Satzglied, das man im rednerischen Vortrag an einen anderen Platz stellt, um die Aufmerksamkeit darauf zu lenken. 8. gewisse einsilbige Substantive gehen meist voran: vir, ver, vis, spes u. dgl.; es liegt kein einziges Beispiel vor, in dem das Abjektiv nicht distinguierend wäre. 9. Dissonanzen werden zu vermeiden gesucht, z. B. in hominum insolentium indignitate; auch hier findet eine Artung statt, und man findet auch Ausbrücke wie in infantia u. dgl.

Mithin ergiebt die Untersuchung über die Stellung des lateinischen Abjektivs dasselbe Resultat wie die über das Französische: bei Nachstellung des Abjektivs wird logisch distinguiert, bei Voranstellung affektisch attribuiert. Der superlative Ausbruck ist ein mobiles Satzglied, dessen Wert durch die Wortform oder Bedeutung genugsam ausgedrückt ist, um einer besonderen Stellung nicht zu bedürfen. Mithin gehen jene Einzelbeutungen der Nachstellung des Abjektivs statt der erwarteten Voranstellung in unserer Regel ohne Rest auf. Daraus folgt zur Evidenz, daß die romanische Stellungsregel für das Abjektiv aus dem lateinischen Sprachgebrauch sich herleitet; bei jeder scheinbaren Abweichung von der Grundregel muß auch im Lateinischen mit der stilistischen Absicht des Schriftstellers gerechnet werden, in dessen Gedanken sie einen tiefen Einblick zu gewähren nicht verfehlen kann.

Schluß.

Aus den dargelegten Nachforschungen ergeben sich folgende hier kurz zusammen- zufassende Resultate:

1. Mit Unrecht hat man behauptet, das Französische und speziell das Altfranzösische verfahre meistens willkürlich bei der Stellung des Adjektivs, und richte sich gewöhnlich nach den Anforderungen des Rhythmus und des Wohlklanges.

2. Wenn der Redende oder Schreibende teilnahmslos berichtet, einen Thatbestand objektiv angiebt, das „Ist" eines Seins oder Geschehens aufklärt und zu einem Sub- stantiv ein Attribut hinzufügt, um diesen Substantivbegriff näher zu kennzeichnen, oder um denselben von anderen gleichbenannten Personen oder Sachen nach den Eigenschaften, die er besitzt oder nach den Zuständen, denen er unterworfen ist, verstandesmäßig zu unterscheiden, so drückt er nach logisch geordneter Wortfolge zuerst den zu bestimmenden Substantivbegriff, dann erst die Bestimmung, das Attribut aus. Wenn dagegen der Redende oder Schreibende nicht nur verstandesmäßig kennzeichnen oder unterscheiden will, sondern mit der beizulegenden Eigenschaft seine, subjektive, persönliche Wertschätzung ver- bindet, so daß nicht nur der Verstand, sondern auch das Gefühl beteiligt ist und auch das Gefühl des Hörers erregt werden soll, so wird die logische Wortfolge nicht mehr innegehalten; die das Gefühl erregende Eigenschaft tritt in den Vordergrund und wird zuerst ausgesprochen.

3. In Ausdrücken wie moyen âge, blanc moine, Haut-Rhin, die keine eigentlichen Attribuierungen, sondern vielmehr Wortzusammensetzungen sind, kann das Adjektiv nicht distinguierend nachgesetzt werden, weil dann widersinnige oder unsinnige Ausdrücke entstehen würden. Warum das Adjektiv hier scheinbar unterscheidend vorantritt, ist im Zusammenhang mit den Regeln der französischen Wortzusammensetzung zu untersuchen.

4. Die den verschiedenen Eigenschaftswörtern innewohnende Bedeutung kann bewirken, daß die einen eher affektisch, die anderen eher distinguierend gebraucht werden; aber nicht der objektive Inhalt des Eigenschaftsbegriffs, sondern die Anschauung des Redenden, der Gebrauch, den er in jedem einzelnen Fall davon machen will, ist bei der Stellung des Adjektivs das Entscheidende.

5. Eine in dem Substantivbegriff schon enthaltene, mit dem Substantiv schon gegebene Eigenschaft kann nicht als distinguierendes Attribut auf dasselbe folgen, während eine Eigenschaft, die erst am Substantivbegriff appercipiert werden soll, gerade für diese Stelluug sich eignet.

6. Wenn auch im Altfranzösischen bei der Stellung des Adjektivs ganz nach denselben Prinzipien verfahren wird wie im Neufranzösischen, so müssen doch nothwendigerweise Fälle vorkommen, die, infolge einer verschiedenen Anschauung und Auffassung der Dinge zu jener Zeit, oder infolge eines Wandels in der Bedeutung der Wörter, im Vergleich zum neufranzösischen Gebrauch, befremdend oder abweichend zu sein scheinen. Und da nun die Schriften des Mittelalters im allgemeinen weniger gelehrt, sondern mehr populär und der gewöhnlichen Umgangssprache ähnlich gehalten sind, so kann es nicht auffallen, wenn die Adjektive, die einen affektischen Sinn haben oder vertragen, öfter in Anwendung kommen und überhaupt mehr vorangestellte Attribute vorkommen als im Neufranzösischen.

7. Was die Dichtung betrifft, so muß wohl zugegeben werden, daß Reim und Versbau einigen Einfluß auf die Stellung der Attribute ausgeübt haben, besonders bei Dichtern, die sich begnügten ihre Vorgänger nachzuahmen, ohne sich dabei die Mühe zu geben, eigene Gedanken zu formen und auszubrücken; allein dieser Einfluß hat sich doch meist nur bei Adjektiven geltend gemacht, die sowohl die eine als die andere Stellung zulassen.

8. Mehrere Adjektive bei einem Substantiv erhalten ihre Stellung nach denselben Grundsätzen, als wenn das Substantiv nur von einem von beiden begleitet wäre, und alle Konstruktionen mit zwei Adjektiven, die im modernen Französisch vorkommen, kommen auch schon im Altfranzösischen vor; dem Altfranzösischen eigentümlich in dieser Hinsicht ist nur die Konstruktion, welche ein Adjektiv voranstellt und die anderen, die ihm coordiniert sind, mit der Konjunktion „et" folgen läßt.

9. Was endlich den Accent betrifft, der bald auf dem Substantiv, bald auf dem Adjektiv ruht, und den man zur letzten Ursache der Adjektivstellung machen wollte, so ist er vielmehr eine Nebenerscheinung oder ein Ausbrucksmittel des Gedachten, und es folgt aus dem Gesagten, daß man mit Recht behauptet, das nachgestellte Attribut trage den Accent, da es als eine besondere Bestimmung, als eine Unterscheidung zum Substantiv hinzutritt, etwas Wesentliches zu ihm hinzufügt. Es ist der logische Accent, der hier zur Geltung kommt, der sich lediglich durch Tonstärke geltend macht, und das logisch Bedeutsame hervorhebt. Dagegen trifft das vorangestellte Adjektiv der chromatische Accent, bei dem die Tonhöhe die innere Erregtheit des Sprechenden wahrnehmbar macht. Er trifft das vorangestellte Adjektiv, weil Gefühl und Einbildungskraft durch die affektische Eigenschaft erregt sind, die Erregtheit des Sprechenden aber sich vorbrängt vor das, was der Verstand

darzustellen nicht unterlassen kann, und so folgt das Substantiv dem Abjektiv nach. Dühr
hat also unrecht mit seiner Meinung (S. 1), Duvivier stelle die ganze Lehre von der Stellung
des Abjektivs auf den Kopf, wenn er behaupte, daß das Abjektiv vorangestellt mehr sage
als nachgestellt, und Maetzner hat, indem er ben Accent auf das nachstehende Abjektiv
legt, Duvivier nicht geschlagen: er hat die eine Seite der Wahrheit gesehen und Duvivier
die andere. Das Plus bei dem vorangestellten Abjektiv ist allerdings nicht eine begriffliche
Steigerung, es ist der damit verbundene Affekt.

10. Nicht erst auf französischem Boden ist die Regel für die doppelte Stellung des
Abjektivs erwachsen, sie wurzelt vielmehr in dem lateinischen Sprachgebrauch.

Inhaltsverzeichnis.

Lebenslauf.

Geboren wurde ich, Joseph Cron, am 6. Mai 1859 zu Bieberthal im Ober-Elsaß. Die erste Schulbildung empfing ich in der Elementarschule meines Geburtsortes. Meine Gymnasialstudien machte ich in dem Benediktinerkloster zu Mariastein in der Schweiz und am Gymnasium zu Bitsch in Lothringen. Vom Spätjahr 1879 ab studierte ich in Straßburg Philosophie und Theologie. Von 1880 bis 1885 widmete ich mich an der Straßburger Universität dem Studium der Philologie und hörte die Vorlesungen der Herren Professoren Gerland, Gröber, Heitz, Henning, Hübschmann, Martin, Schöll und Studemund. Allen meinen Lehrern, ganz besonders aber dem Herrn Professor Dr. Gröber, spreche ich an dieser Stelle meinen wärmsten Dank aus.

*9 7 8 3 3 3 7 3 2 1 1 9 2 *